数・量・形の感覚を養う保育と事務に生かすために

保育者が
身につけておきたい
数学

吉田明史・田宮 縁 編著

萌文書林
HOUBUNSHORIN

🌸 はじめに

　平成29年3月に告示された幼稚園教育要領の第1章総則に、「幼児期の終わりまでに育ってほしい姿」が10項目にわたって示されました。そのなかの一つに「数量や図形、標識や文字などへの関心・感覚」があります。その内容は、従前の領域「環境」の「2　内容」にあったものに類似していますが、「幼児期の終わりまでに育ってほしい姿」として示されたことは、子どもが多様な算数・数学（以下、数学）的な経験に出合えるような環境を保育者がこれまで以上に意識して構築しなければならないことを意味します。

　この環境とは、単に保育施設・設備、教材などの物的環境にかぎったものではありません。このような間接的な援助に加え、子どもが主体的に活動を行い、発達に必要な数学的な経験を積んでいくことができるような状況をつくり出す言葉がけなどの人的環境としての直接的な援助も重要です。

　このような環境構成を含めた適当な援助を行うためには、保育者に「数学力」が必要となります。この数学力とは、「数学の基礎学力」にとどまらず、「子どもの遊びや生活のなかに数・量・形に関することがらを見出す力」、「数・量・形に関することがらを子どもの活動や生活に組み入れる力」、「言葉がけなどによって子どもの活動を豊かにする力」です。

　本書は、これから保育者をめざす人だけでなく、現在保育者である方にも、必要な数学力が身につけられるよう次のように構成しています。

　第1部は、「幼稚園・保育所・こども園での数・量・形」として、幼児教育全般を数学的な観点から学べるようにしています。第2部は「保育者にかかわる数・量・形」として、子どもが体験する行事、生活、遊びのほか保育者の事務などに見られる数学について、具体的な場面を想定したActivityを通して学べるようにしています。第3部は「採用試験対策にも役立つ問題集」として、簡単な項目解説のあとに、例と問を配置し、保育者として必要な数学の基礎学力が身につけられるようにしています。

　また、索引には幼児教育や数学教育に関する用語などをあげていますので、索引から必要な事例を参照するなどして幅広く活用してください。本書が子どもの活動を数学的に豊かにする方略として、数学的な活動にする環境構成のヒントになれば幸甚です。

　本書の出版にあたっては、趣旨に賛同して原稿をお寄せくださった執筆者の皆様、お世話になった萌文書林の福西志保さんに厚く御礼申し上げます。

編者

第1部 幼稚園・保育所・こども園での数・量・形

- **第1章** 幼稚園教育要領、保育所保育指針、幼保連携型認定こども園教育・保育要領における数・量・形 ……（田宮 縁）2
- **第2章** 保育現場での生活・遊び・活動 ……（田宮 縁）6
- **第3章** 子どもの発達と数・量・形 ……（田宮 縁、石田裕子）11

第2部 保育者にかかわる数・量・形

- **オリエンテーション** 第2部の構成と学び方 ……（田宮 縁）18
- **第1章** バックヤード（事務室）で必要な数学力 ……20
  - Scene 01 園内ポスターを作ることになりました ……（國宗 進）20
  - Scene 02 教材の準備をしました ……（近藤 裕）24
  - Scene 03 消毒液を作るように頼まれました ……（勝美芳雄）30
  - Scene 04 園の広報をすることになりました ……（近藤 裕）34
- **第2章** 園の生活に見られる数学 ……40
  - Spring 01 幼稚園での生活がはじまりました ……（勝美芳雄）40
  - Spring 02 誕生会用に壁面を飾りました ……（吉田明史）44
  - Spring 03 みんなで遊びました ……（國宗 進）50
  - Summer 01 七夕飾りを作りました ……（舟橋友香）54
  - Summer 02 夏野菜が採れました ……（舟橋友香）58
  - Autumn 01 動物園へ行きました ……（重松敬一）63
  - Autumn 02 運動会がありました ……（勝美芳雄）67
  - Autumn 03 みかん狩りに行きました ……（近藤 裕）71

CONTENTS

Winter 01	おやつを分けました	（重松敬一）	**75**
Winter 02	すごろくを楽しみました	（吉田明史）	**79**
Winter 03	牛乳パックで家を作りました	（吉田明史）	**84**

第 3 部
採用試験対策にも役立つ問題集

A 基本的な計算 ··· 90
1.命数法と記数法 ── 90 ／ 2.約数と倍数 ── 91 ／ 3.分数 ── 94 ／ 4.小数 ── 96
5.平方根 ── 98 ／ 6.単位の換算 ── 100 ／ 7.割合と歩合 ── 101 ／ 8.文字の式 ── 104
9.溶液の濃度 ── 105 ／ 10.式の展開と因数分解 ── 107 ／ 11.方程式と不等式 ── 109

B 図形 ··· 113
1.図形の移動 ── 113 ／ 2.平行線の性質 ── 114 ／ 3.図形の合同 ── 115
4.図形の計量 ── 116 ／ 5.相似な図形、三角比 ── 118 ／ 6.空間図形 ── 122

C 場合の数と確率 ··· 126
1.場合の数 ── 126 ／ 2.確率 ── 128

D 点の座標・関数 ··· 130
1.点の座標 ── 130 ／ 2.関数 ── 130

E データの活用 ··· 135
1.代表値 ── 135 ／ 2.ちらばり ── 135

本文中問題の解答	137
幼稚園教育要領（抜粋）	145
索引	147

第 **1** 部

幼稚園・保育所・こども園での
数・量・形

第1章

幼稚園教育要領、保育所保育指針、幼保連携型認定こども園教育・保育要領における数・量・形

1 小学校教育との接続〜幼児期の終わりまでに育ってほしい姿

　2017（平成29）年３月に公示された幼稚園教育要領、保育所保育指針、幼保連携型認定こども園教育・保育要領（以下、要領・指針）では、５歳児修了までに育ってほしい具体的な姿として、総則の部分に初めて「幼児期の終わりまでに育ってほしい姿」が記されました。

　幼児教育を勉強されている皆さんならば、５領域の「ねらい」や「内容」と似ていると感じたのではないでしょうか。なぜなら、５領域の内容などをふまえ、とくに５歳児の後半にねらいを達成するために、保育者が指導し子どもが身につけていくことが望まれるものを抽出し、具体的な姿として整理したものだからです。つまり、幼児期に育みたい資質・能力である「知識及び技能の基礎」、「思考力、判断力、表現力の基礎」、「学びに向かう力、人間性等」を具体的な姿として示したものであり、保育者はこれをつねに念頭に置きながら指導をしていく必要があります。

　また、それぞれの項目を取り出して指導するものでないことはもちろんのこと、子どもの自発的な活動としての遊びを通して、総合的に育っていくことを期待したものです。これまでの幼児教育においても子どもが夢中になって遊ぶなかで体験してきた姿を、小学校以降の教育につなげてわかりやすく示したものと考えてもよいでしょう。

幼児期の終わりまでに育ってほしい姿

（1）健康な心と体
（2）自立心
（3）協同性
（4）道徳性・規範意識の芽生え
（5）社会生活との関わり
（6）思考力の芽生え
（7）自然との関わり・生命尊重
（8）数量や図形、標識や文字などへの関心・感覚
（9）言葉による伝え合い
（10）豊かな感性と表現

> 遊びや生活の中で、数量や図形、標識や文字などに親しむ体験を重ねたり、標識や文字の役割に気付いたりし、自らの必要感に基づきこれらを活用し、興味や関心、感覚をもつようになる。

2　周囲の環境との関わりのなかで、数量や図形への関心・感覚を身につける

数量や図形への関心・感覚については、5領域のなかの「環境」に示されています。

領域「環境」の「ねらい」

（1）身近な環境に親しみ、自然と触れ合う中で様々な事象に興味や関心をもつ。

（2）身近な環境に自分から関わり、発見を楽しんだり、考えたりし、それを生活に取り入れようとする。

（3）身近な事象を見たり、考えたり、扱ったりする中で、物の性質や数量、文字などに対する感覚を豊かにする。

このねらいを読むと、「物」「自然」「生物」「数量・文字」などを重視していることがわかります。数量・図形に関しては、ねらい（3）を読んでわかるとおり、「身近な事象を見たり、考えたり、扱ったりする中で」とあり、子どもの自発的な活動としての遊びや生活のなかでの実体験が不可欠です。

また、直接体験のなかで、「感覚を豊かにする」ことをねらっています。つまり、おはじきや時計の模型などを揃えた算数セットのような教具やドリルなどを使用して数量・図形だけを取り出して指導するのではなく、日常の遊びや生活のなかで小学校以降の算数・数学教育の基礎を培う（感覚を豊かにする）ことが重視されています。

さらに、「内容」でも「（9）日常生活の中で数量や図形などに関心をもつ。」と明記されており、幼児期は自分の生活を離れて知識や技能を一方的に教えられて身につけていく時期ではなく、生活のなかで自分の興味や欲求にもとづいた直接的・具体的な体験を通して学んでいくという、発達の段階に応じた教育の重要性が強調されていることがわかります。

ねらいと内容の関係

ねらい　幼稚園教育において育みたい資質・能力を幼児の生活する姿からとらえたもの

内　容　ねらいを達成するために指導する事項

幼児期の資質・能力

知識及び技能の基礎	豊かな体験を通じて、感じたり、気付いたり、分かったり、できるようになったりする
↕	
思考力・判断力・表現力等の基礎	気付いたことや、できるようになったことなどを使い、考えたり、試したり、工夫したり、表現したりする
↕	
学びに向かう力、人間性等	心情、意欲、態度が育つ中で、よりよい生活を営もうとする

（文部科学省、2018）

3 必要感にもとづく体験のなかで学ぶ

　要領・指針には、各領域の「ねらい」と「内容」に加えて、子どもの発達をふまえた指導を行うにあたって留意すべき事項が「内容の取扱い」として書かれています。

　数量・図形に関しては、「（5）数量や文字などに関しては、日常生活の中で幼児自身の必要感に基づく体験を大切にし、数量や文字などに関する興味や関心、感覚が養われるようにすること。」とあります。「必要感」という言葉は、一般的にはなじみのない言葉のようですが、「幼児自身の必要感に基づく体験」とはどのような体験をイメージしたらよいのでしょうか。

　たとえば、友達と一緒に走る楽しみを十分に味わった5歳児がリレーの勝敗にこだわりはじめ、チームの人数を揃えることを提案する場面は、必要感にもとづいた体験といってよいでしょう。また、4歳児と5歳児がペア活動でパン屋さんに行き、二人で一つパンを買ってきて、おやつの時間にパンを半分に分けて食べます。この「半分に分ける」という数量・図形にかかわる体験は、友達と一緒にパンを買いに行った「うれしい体験」、そしておやつを一緒に食べるという「楽しい体験」のなかで自然に行われます。

　一方、子どもの遊びや活動の楽しさやおもしろさ、達成感などをねらいとせずに、「半分に折る」という数量・図形にかかわる体験だけをねらいにしている場合には、次のようなことが起こってしまうこともあります。

　クラス全員の子どもが一人一枚の広げた新聞紙の上に乗り、保育者とジャンケンをしました。負けた子は新聞を半分に折り、その上に乗ります。観察者は、王様ジャンケンをして最後まで新聞紙の上で立っていることができた子が優勝というゲームだとすぐにわかりました。

　しかし、先生を相手に子どもたちが1回、2回、3回としたとき、先生はゲームを終わりにしてしまいました。まだ何人も新聞紙の上に立っていましたが、全員が少なくとも1回負けて、新聞を半分に折ったから終わりにしてしまったようです。チャンピオンが決まらないままゲームが終了したため、「えっ？（もう終わり？）」という表情を見せた子もいました。観察者は、子どもたちはゲームの楽しさを味わえたのかなと心配になりました。

　観察者の予想どおりの展開であれば、子どもたちは、「もう一度、やろう」と何回も提案する子が大勢出てくるでしょう。ゲームを何回も行うなかで、「1回折ると面積が半分（2分の1）になる」、「2回折ると面積は4分の1になる」、「3回折ると8分の1になる」……実際は○分の1とは言いませんが、どんどん小さくなっていくことに体験的に気づいていくでしょう。楽しいという心情に支えられた必要感により、子どもたちは数量や図形の感覚を豊かにしていきます。それが幼児期の子どもの学びなのです。

4 環境を通して教育する

　小学校教育との比較で考えてみましょう。

　小学校教育の場合には、教科書という主たる教材があり、資料や算数セットなど副教材、

黒板や掲示物などが環境として準備されています。一方、幼児教育の場合、環境とは「園具・遊具などの物的環境はもちろん、幼児や教師などの人的環境、幼児が接する自然や社会の事象、人や物が相互に関連しあってかもし出す雰囲気、時間、空間など幼児を取り巻くすべて」（幼稚園の園具・教具の整備等に関する調査研究協力者会議、1996）を指し、その環境を通して教育をしていくのです。

積み木や砂場、ブランコなどは保育者が設定したわかりやすい環境ですが、これ以外にも、たとえば園庭に意図せず咲いているカタバミ、冬の寒い日に張っている氷なども子どもたちにとっては環境なのです。つまり、園内で展開されている生活や遊び、そして、そこにあるすべてのものが教材となります。

しかも、それぞれの子どもが主体的にかかわり、自分で工夫したり考えたり感じたりしながら活動したものが一人一人の子どもにとって意味のあるものであり、そのプロセスのなかで子どもはさまざまなことを学んでいきます。

ある子どもは、カタバミの葉っぱの形に注目し、もっとハートの葉っぱがないか園内のあちらこちらを探していきます。すると、花壇のなかやコンクリートとコンクリートの隙間などいろいろなところに見つかります。雨天で薄暗い日には花が開かないことに気づくかもしれません。葉っぱの色に注目するかもしれません。また、葉っぱが3枚、花びらが5枚と枚数を数えるかもしれません。

このように小さなカタバミへの興味や関心が、さまざまな視点からの意味のある学びにつながります。教科書はありませんが、子どもが自ら環境に働きかけ、何かを感じ、学んでいるのです。子どもが日常の体験を通して獲得する数量や図形に関する知識は「インフォーマル算数」と呼ばれ、正確に数を数えたり、重さや長さを測ったりするとはかぎりませんが、インフォーマル算数の体験が小学校以降の算数・数学教育の学びを容易にします。

数量・図形というと、小学校での算数をイメージしがちで、ワークシートやドリルなど手軽な教材に流れる傾向がありますが、保育者は子どもを取り巻く環境や主体的な活動としての遊びのなかで、子どもたちがいかに数量・図形の感覚を身につけていくのかを検討していく必要があります。

《引用・参考文献》
文部科学省『幼稚園教育要領解説』2018年
幼稚園の園具・教具の整備等に関する調査研究協力者会議「幼稚園における園具・教具の整備の在り方について」平成8年2月15日 幼稚園の園具・教具の整備等に関する調査研究協力者会議報告、1996年

第2章 保育現場での生活・遊び・活動

1 環境がもつ可能性——アフォーダンス

　園では、家庭とは違いトイレや椅子などすべてのものが子どもの体のサイズに合わせたものが用意されています。現在では当たり前のことですが、マリア・モンテッソーリ（Maria Montessori）が世界で初めて子どものサイズの家具を子どもに与えたといわれています。子どもの意欲や可能性を引き出すために、園では子どもを主体とした環境をつくっているのです。トイレや椅子などは、非常にわかりやすい一例ですが、園内には有形無形の環境の要素が子どもの意欲や行動に影響を及ぼします。

　また、園内だけではありません。右の写真をご覧ください。何をしているところでしょうか？

　お散歩中の2歳児が舗装ブロックの並べ方のパターンの違いに気づき、パターンの違うブロックの上を歩く姿が見られました。それに気づいた保育者は、「カン、カン、カン」と言いながらしゃがみ込んで、手を上げたり下げたりしました。保育者が遮断機になり、見立て遊びの状況を二人でつくり上げていたのです。

　2歳児はだれに言われたわけでもなく、そこにあった環境を自分のなかに取り入れ、遊びを作り出していました。このように無意識のうちに"ついつい○○したくなる"感覚をアメリカの知覚心理学者ジェームス・ギブソン（James. J. Gibson）は**アフォーダンス**（affordance）という用語を用いて説明しています。「アフォーダンス」は、「アフォード（afford）：～する余裕がある、～を与える」という動詞をもとにしてつくった造語です。舗装ブロックの並べ方のパターンの違いを知覚するかどうかは、主体である子どもに任されています。しかし、パターンの違いに気づき遊び出した子どもの世界に保育者が入り込み一つの状況をつくると、その状況に気づいた他児もその遊びに加わってきます。

　ここでは、歩いている子どもは車、保育者は踏切の遮断機という役割で見立て遊びが展開されますが、「数量・図形」の視点で見ると、図形に親しんでいる姿ととらえてもよいでしょう。このように、保育者がとくに意図していない環境であったにしても数・量・形にかか

わる要素が組み込まれています。次は、子どもが生活・遊び・活動のなかで、どのように数・量・形に親しみながら、学んでいくのかを具体的に考えてみましょう。

2　子どもの生活・遊びのなかでの数と量

　私たちの身のまわりには、日付、時刻、電話番号、チャンネル、値札など数字で表されているものが多くあります。また、集団生活を体験しはじめた子どもにとっては、家庭とは比較できないほど大勢の人の集まりのなかに初めて入っていきます。このように人が生活していれば、かならず数を扱うことになります。個数だけではなく、長さや重さ、時間、液量等のかさ（量）なども私たちの生活から切り離すことはできません。

ACTIVITY

　園生活のなかで、子どもは人数やものを数えたり、量を比べたりします。実習園やボランティア先の園では、子どもたちはどのような体験を通して数量に親しんでいましたか。グループで考えてみましょう。

　ある園で3歳児の給食の時間を参観したときのことです。
　子どもたちが6人ずつ座っているテーブルが3つありました。全員で18人です。保育者は、一人一人のおかず、みそ汁を配膳しました。そしてご飯については、「少なめにしてほしい人、先生に教えて」と言い、少なめを希望している子は手を挙げ、保育者はご飯を少なめによそった茶碗をもっていき、量を確認していました。
　さらに、小さなデザート用の器が一人ずつに配られました。保育者は全員分の缶詰のみか

んが入ったボールを持ち、「一人いくつずつかしら」とちょっと困っている様子でしたが、「じゃあ、最初に3つずつ配るね」と3つずつ配っていきました。ボールの中には、まだみかんが残っています。「あと2つずつありそう」と言って、2つずつ追加していきました。配り終わったあとで、「全部で5個だったね」と言い、食事の挨拶に移りました。

このように子どもたちは、毎日の生活の繰りかえしのなかで数量体験を重ねているのです。

3　子どもの生活・遊びのなかでの図形

ある小規模保育事業所を訪れたときのことです。一般住宅を改築して開設したとのことで、小さく仕切られた部屋では、見通しも採光もふさわしくないということで、壁を取り払ったのですが、筋交いの一部を残すことになりました。

子どもたちは、筋交いがつくる下の三角の部分をくぐったり、横の三角の部分をまたいだりしながら遊んでいるとのことでした。ここでも毎日のように長方形、三角形、形と形の関係や面積など感覚が豊かになっていくことでしょう。

ACTIVITY

講義室にある形を探してみましょう。たとえば時計―円などです。

日常生活のなかで多くの形に触れていることがわかりますね。自然のなかにもたくさんの形があります。タンポポの花は円ですね。ミツバチの巣は六角形です。屋外を歩いたときに気にしてみましょう。

　園内の環境として積み木やモザイクパズルなどの教具、さまざまな形の廃材なども置かれていると思います。また、ある園では毎日子どもが使用する机の面の形を工夫していました。毎日、触れるいろいろな机の面の形とその相互関係や面積についての感覚を養っていくことを意図しているのでしょう。

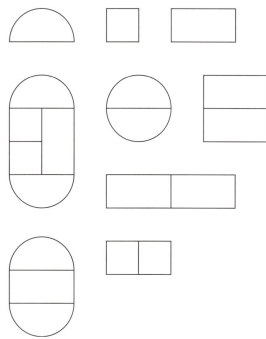

4　活動のなかで培う数量の感覚

　ある若い保育者の保育を参観したときのことです。「つなとり」というゲーム活動をクラス全体で行っていました。

5歳児6月　つなとり

　クラス（28名）が4チームに分かれ、代表2チームが合図と同時に両サイドから走って、中央に置かれた長さが3種類の11本の綱を陣地に持ちかえる。綱の数が多いチームが勝ちというゲームです。

このようなゲームのなかにも数量などに親しむ体験の要素がたくさん含まれていますね。

ACTIVITY

前ページの「つなとり」で体験できる数量などの要素をグループで考えてみましょう。

　子どもたちはゲームを楽しみながら、数量の体験を重ねていきます。ゲームの楽しさで何回も行ううちに、勝つことを目的に走る距離や走る速さについても考えてゲームを展開するようになります。また、トーナメント戦やリーグ戦など対戦形式などにもこだわるようになるかもしれません。

　このように、子どもたちは環境や生活・遊び・活動のなかで、楽しさを基盤に数・量・形に親しむ体験を重ね、興味や関心、感覚をもつようになります。本章のActivityを通して、保育者の意図とは別なところでもさまざまな数・量・形の体験を重ねていることを体験的に学べたのではないかと思います。保育者は一人一人の子どもが体験している数・量・形に関する学びを、環境や状況から意味づけていくことが大切です。

第3章 子どもの発達と数・量・形

1　「みんなでケーキをつくったよ」

　ある保育園を訪問したとき、「みんなでケーキをつくったよ」とタイトルがつけられた、魅力的な大きなケーキが置かれていました。子ども一人一人が作ったものを保育者が組み合わせて、一つのケーキとして制作したものです。

2歳児
同じ大きさのピンクのフェルトと空気緩衝材（プチプチ）を重ねて、のり巻きのように巻き、ロールケーキを作りました。それを保育者が立ててケーキの2段目の本体としました。

2歳児
トイレットペーパーの芯の大きさと同じ直径の円い紙に顔を描いて、芯に貼ったろうそくもケーキに飾られています。

1歳児
ビニール袋に赤いお花紙を入れ、保育者に袋の口を閉じてもらったあとで、小さな黒いシールを果実に見立てて貼り、イチゴを作りました。

0歳児
保育者と一緒に手形を取り、それを保育者が丸く切りとって、クッキーに見立てました。

　0歳児の手に絵の具をつけたときに、保育者は「冷たいね」、「ヌルヌルしているね」と0歳児の気持ちを代弁しながら活動したことでしょう。子どもは自身の体験と保育者の発した言葉を結びつけ、言葉を獲得していきます。また、自分と保育者の手の大きさの違いや指の本数など、量や数にも活動を通して体験を重ねていきます。

　2歳児に注目してみると、ロールケーキを作るという魅力的な活動のなかで、平面から立体へ物が変化していくこと、円柱を立てることでさまざまな方向から物を見る視点を得ることができたのではないでしょうか。2歳児がトイレットペーパーの芯の大きさに等しい直径をもつ円形の紙に顔を描くのは、少し難しかったと思いますが、芯と円の大きさのバランスが美しいと感じたと思います。

2 知覚の発達

このように造形的な活動のなかにも言葉、数量や図形にかかわる学びなどが多く含まれていることがわかります。造形的な活動だけではありません。子どもは新生児期から周囲の環境を知覚していることが、いろいろな研究の結果から明らかになってきています。たとえば、新生児の視力は20～30cmくらいの距離しか見えないといわれていますが、生後2か月くらいになると、視界に入ってきたものに焦点を合わせることができるようになってきます。

乳児は単純な図形よりも複雑な図形、とくに人の顔の形に似た図形を好んで注視するというファンツ（Fantz, R. L.）の「各パターンに対する選好注視」は、皆さんも発達心理学の授業などで学んだと思います。

また、乳児は何でも口に入れる傾向があることは、皆さんも体験的に知っていると思います。口の触覚は早くから発達しており、舌や口の感覚を使いながら身のまわりの物について学習していきます。

乳児はこのように五感を使って外界を知覚していくわけですが、空間や時間の知覚は、もう少し先になります。井戸（2018a）を参考に下の表にまとめてみます。

空間の知覚

方向の感覚	年齢	内容
上下の感覚	2～3歳児	「上」「下」という言葉とも対応する。
前後の感覚		上下の感覚のあとに理解する。
左右の感覚	4～6歳児	自分で左右を示すことができる。
	10歳	ほとんどの子どもが対面する相手の左右も正しく示す。

時間の感覚

2歳児	現在の出来事とそれ以外の出来事を時系列に正しく把握することは難しい。
3歳児	「昨日」「明日」が理解できるようになり、過去や近い未来に起こる出来事を現在とは区別して理解できるようになる。
4歳児	誕生日など自分にかかわりの深い特別な日の位置づけは可能となるが、どのくらいの時間待てばよいのかなどの理解は難しい。

3 算数の学習にいたるまでの時期

次ページの写真には、5歳児がペットボトルで作ったボーリングのピンが写っています。ピンにはさまざまな量の水やビー玉、小豆が入っていました。どのくらいの重さが一番楽しく遊べるのかを試した足跡を見ることができます。遊びのなかでは、「あと○本でぜんぶ倒れるよ」といった会話があったのではないでしょうか。

このように、子どもは小学校でフォーマルな教育を受ける前に、日常生活のなかで数量に関する基礎的な概念を習得していきます。小学校における数や記号を用いたフォーマルな学習としての算数に対して、その基礎となる概念の習得はインフォーマル算数と呼ばれますが、これは小学校へ入学後に算数の授業での学習を支える基盤となるということが明らかになってきました。

では、ここで認知の発達を復習しておきましょう。ピアジェ（Piaget, J）は人間の思考の発達段階を次の表のように、4つに分けて考えました。

思考の発達段階	年齢	内容
感覚運動期	0～2歳ごろ	主に感覚器官や運動器官を使って学習する段階。外界の刺激を取り入れつつ動作や運動で反応しながら、身のまわりの物について学習していく。
前操作期	2～7歳ごろ	物の見た目や自分の直観にもとづいて思考をする段階。目の前にない物を思い浮かべることもできる。
具体的操作期	7～11歳ごろ	具体的な場面や具体物の助けがあれば、直観に左右されず客観的に思考ができる段階。物事の概念や概念の階層が理解できる。
形式的操作期	11～12歳ごろから	具体物がなくても文字や記号だけで抽象的な思考ができる段階。仮説を立てて論理的に思考することが可能になる。

出典：井戸、2018b

　この表からわかることは、幼児期が直感にもとづいて思考をする段階から、具体物の助けがあれば客観的に思考ができる段階への移行期であるということです。領域「環境」の内容や内容の取扱いで、「日常生活の中で」ということが強調される理由は、ここにあると考えてよいでしょう。

4　子どもの数概念の発達

　子どもが数をどのように理解していくかという研究は多数行われてきました。しかし、実験のなかで条件や質問の仕方、対象の属性などにより、結果に差があるため、ここでは一般的な数概念の発達について説明していきます。

　数詞（数で数量や順序を言い表す語）を順序どおりに唱えることを「数唱」といいます。3歳ごろまでには、10～20程度を自分で数えることができます。数の唱え方は、日本では「イチ、ニ、サン」と「ひとつ、ふたつ、みっつ」の2通りあり、学校教育の場では前者に統一

されています。しかし、後者もわらべうたや昔話に出てきており、リズミカルで子どもにも覚えやすいので、乳幼児期はどちらかに統一する必要はないと考えてよいでしょう。

　ある対象（アメ、みかんなど）の数が全部でいくつあるかを知るために数を唱えることを「計数」といい、数唱能力は計数能力や多少判断能力に先行して獲得されます。

3歳児

　3までの数の理解が進んでいることが認められています。5までの数唱や3以下の計数、多少の比較も可能で、1からそれより大きいある程度の数まで唱えることができ、数詞と具体物との一対一対応ができるようになります。

　乳幼児のサビタイズ（計数することなく瞬間的に数を把握する能力）が3までであるという知見が示しているとおり、3までの数は計数によらなくとも視覚的に判断できる数であり、さまざまな数理解の発達の基盤になると考えられています。

4歳児

　大塚（2000）の調査によると、数唱を中心とした数の理解の発達が、①2つの数の多少を判断すること、②数字を読むこと、③おはじきを2個取り出すことが可能となり、3方向へ分岐し、多次元的に発達しはじめるとされています。また、この時期に確実に操作できる数の範囲は9以下のようだとも示しています。

5歳児

　操作できる数の範囲が10以上に拡大していきます。とくに数唱能力は、計数能力や数詞・数字対応能力に先行して獲得されます。また、この時期には5以下の初歩的な足し算が可能となります。この時期の足し算は、数を一つずつ数えていく方略「count-all：カウント・オール」を用います。

　カウント・オールとは、左のお皿にアメが2つ、右のお皿にアメが6つあるとき、左のお皿を「イチ、ニ」と数えたあとで、右のお皿を「サン、シ、ゴ、ロク、シチ、ハチ」まで数えて最後に唱えた「ハチ」を左右のアメを合わせた数であるとする方略です。「数え足し」とも呼ばれます。

　このカウント・オールは、数唱の延長としての足し算の方略と考えてよいでしょう。このような初歩的な足し算が可能となるのは、集合数を心のなかでイメージできるようになり、いわゆる「心的数直線」が形成しはじめるからだといわれています。この心的数直線は、教えたからできるのではなく、子ども自身が獲得していくものといってよいでしょう。つまり、体験を通して子ども自身が学んでいくのです。

6歳児

　まず、10以内の数の範囲で分割順唱能力を獲得しはじめるとされています（大塚、2000）。分割順唱能力とは、指定された数からそれより大きい数へと数唱を開始し、指定された数で停止する能力です。10以内の数の範囲で、分割順唱能力に続いて、10以内の数の範囲で小さ

い数へと数唱する分割逆唱能力が獲得されはじめます。これらの能力を獲得すると、まずは数の大小を判断し、大きいほうの数を頭のなかにセットし、それに小さいほうの数を数えあげていく、より高度な方略「count-on：カウント・オン」が可能となります（吉田、1997）。

つまり、先ほどのアメを例の場合、2と6の数の大小を判断し、6を頭のなかにセットして、「シチ、ハチ」まで数えて「ハチ」を左右のアメを合わせた数であるとする方略を用いるようになってくるということです。

実験によって見出された結果をもとに数概念の発達を概観してきましたが、日常生活のなかでは、数えやすいものと数えにくいものがあるということを保育者として理解しておく必要があります。たとえば、一般的に紙の枚数よりみかんの個数のほうが数えやすいといわれています。また、ブランコをこぐ回数など実際の物として目に見えないものは、子どもにとって数えることはかなり難しいといってよいでしょう。

5　子どもの配分行動

1個のリンゴを4人で食べるとき、あなたならどうしますか。

適当な大きさに切り分けて食べますね。4等分して1つずつ、あるいは、8等分して2つずつ食べる。もしかしたら、6等分してAさんとBさんはリンゴが好きだから2つずつ、あとの2人は1つずつというような分け方もありかもしれませんね。道徳性の現れとしての分配行動としては、一般的に平等分配（みんな同じように分ける）と公平分配（貢献度に応じて分ける）などがあります。ここでは、算数のわり算の基盤となるインフォーマル算数の配分について考えていきます。

山名（2005）は、12個の丸いチップを3枚のお皿に同じように分けるという課題を3歳から6歳の幼児に行いました。教示は、①「同じように分けて」、②「同じ数ずつ分けて」、③「3枚のお皿に同じように分けて」としたそうです。すると、②がほかの教示に比べて平均点が低いことが示されました。とくに、「数」ということに注目し、理解しはじめる4歳ごろには「数」という言葉に注意が向き、「同じ」という漠然とした教示のほうが、正答率が上がるという結果となりました。

また、配分の方法については、1個ずつ手元のチップがなくなるまで配分していく方略（数巡方略）（山名、2005）のほか、5～6歳になると分ける量をひとまとまりにして分けていくユニット方略も見られます。つまり6歳になると、配分する前に、答えを見積もり、分けることが可能となる子どももいるということです。

もう一つ、同じ配分でも、「重ね合わせと数の使用および内化が幼児期における面積と長

さの量概念の発達にどのように関わっているかを検討した」研究（湯澤、2006）も紹介しておきます。もう少しかみくだいて説明すると、たとえば、板チョコレートを二人で等しく分けるためにどのような方略を取るのかは、年齢によって差があるということです。

　3歳児は、4〜6歳と比較して板チョコレートを細かく分割し、そのかけらを同じ数だけ配分していきました。つまり数の知識に対応づけられています。それに対して4歳半ごろからは、半分という単位を量でとらえ、直接2つに割る子どもが増加してきます。そして5歳半ごろからは、2つに割ったあとで、その2つが「同じ」であることを、相互に重ね合わせることで確認をしていく子どもが増加したとの研究結果があります。つまり、面積を認識する認知的な道具として「重ね合わせる」という操作が用いられるようになったということです。

　こういった知見を理解することで、年齢以上のことを押しつけたりせずに、一人一人の子どもの発達にふさわしい環境構成や援助が可能となっていくことでしょう。

《引用・参考文献》
井戸ゆかり編著『保育の心理学Ⅰ（第2版）』萌文書林、2018年a、pp.65-66
井戸ゆかり編著『保育の心理学Ⅰ（第2版）』萌文書林、2018年b、p.67
大塚玲「幼児の加減算習得にいたる数の理解に関する発達順序性」『静岡大学教育学部研究報告 教科教育学篇』31、2000年、pp.259-270
山名裕子『幼児における均等配分行動に関する発達的研究』風間書房、2005年
湯澤正通・湯澤美紀・渡辺大介「認知的道具の自発的使用と内化による概念発達：量概念の発達における重ね合わせと数の役割」『発達心理学研究』17（2）、2006年、pp.171-181
吉田甫『子どもは数をどのように理解しているのか』新曜社、1991年

第2部

保育者にかかわる
数・量・形

オリエンテーション

第2部の構成と学び方

　第2部では、保育の仕事と結びつけながら、数学の楽しさやおもしろさ、不思議さを感じてほしいと思います。ここでは、みなさんの学びを深めていくために、第2部の構成と学び方を簡単に紹介します。

　第2部では、5歳児を担任することになった若い保育者が一年間で出合うバックヤード（教材研究や環境構成、事務室での仕事など）で必要な数学力にかかわる要素と子どもたちとの生活や遊びのなかで見られる数学力にかかわる要素を抽出し、季節ごとに整理して示しました。幼児教育の現場をイメージしながら、保育者に必要な数学力の基礎を身につけていきましょう。

バックヤード		子どもとの一年の遊びや生活
	春	01 幼稚園の生活がはじまりました 集合数／順序数／1対1対応／座標 02 誕生会用に壁面を飾りました 黄金比と白銀比 03 みんなで遊びました　数の分解と合成
Scene01 園内ポスターを作ることになりました 図形の相似	夏	01 七夕飾りを作りました 線対称と点対称 02 夏野菜が採れました　立体の切断
Scene02 教材の準備をしました 比例／倍数・約数	秋	01 動物園へ行きました　速さの比較 02 運動会がありました　数詞／命数法 03 みかん狩りに行きました 量の比較／測定
Scene03 消毒液を作るように頼まれました 濃度／割合 Scene04 園の広報をすることになりました 統計	冬	01 おやつを分けました　わり算 02 すごろくを楽しみました 立体とその展開図 03 牛乳パックで家を作りました 個数の処理／投影図

Scene01を例に、どのように学びを進めていくかを紹介します。

①まず、リード文を読み、場面をイメージしてみましょう。

②場面によってACTIVITYから入るところもありますが、最初は簡単な問からはじまります。一人で、または友達と一緒に取り組んでみましょう。

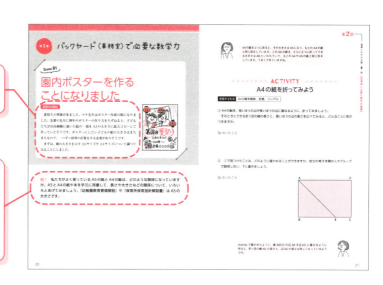

③ACTIVITYのあとには、体験を学びに高めるための「このACTIVITYの背景にある数学的な内容」が掲載されています。また、問のあとには必要に応じて解説を加えてあります。数学力の基礎を身につけるために、かならず読みましょう。

④所々に出てくる、このアイコンは先生です。大切なことを短い言葉で書いてあります。

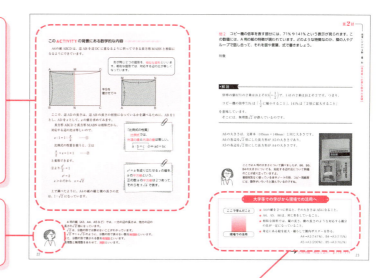

⑤最後の「大学等での学びから現場での活用へ」では、学んだことが現場でどのように活用されるかということを示しています。みなさんの学びの価値づけと考えてもよいでしょう。なお、「第2章 子どもとの一年の遊びと生活」では「幼児期の経験から小・中学校の学びへ」を掲載しました。幼児期の数量・図形の体験や経験がどのように小学校算数、中学校数学につながっていくのかの見通しを示しました。実践のなかで、小学校や中学校での学びの基礎が幼児期にあるということを意識することが保育者にも求められます。

では、ページをめくって、初めて感じる数学の世界に足を踏み入れてみましょう。

第1章 バックヤード（事務室）で必要な数学力

Scene 01

園内ポスターを作ることになりました

図形の相似

夏祭りの季節が来ました。マナ先生はポスター作成の係になりました。先輩の先生に例年のポスターの作り方をたずねると、子どもたちが自由画帳に描いた絵の一部をA3の大きさに拡大コピーして作っていたそうです。ポスターにしたい子どもの絵の大きさはまちまちなので、一つずつ倍率の計算をする必要がありそうです。

まずは、紙の大きさを示すA5サイズやA4サイズについて調べてみることにしました。

問1 私たちがよく使っているA5の紙とA4の紙は、どのような関係になっていますか。A5とA4の紙や本を手元に用意して、長さや大きさなどの関係について、いろいろとあげてみましょう。『幼稚園教育要領解説』や『保育所保育指針解説書』はA5の大きさです。

A4の紙を2つに折ると、その大きさはA5になり、もとのA4の紙と同じ形をしています。このA5の紙を、さらに2つに折ってできる大きさはA6といわれていて、もとのA4やA5の紙と同じ形をしています。うまくできていますね。

ACTIVITY
A4の紙を折ってみよう

準備するもの A4の紙を数枚、定規、コンパス

① A4の紙を、短いほうの辺が長いほうの辺に重なるように、折ってみましょう。
そのときにできる折り目の線の長さと、長いほうの辺の長さを比べてみると、どんなことに気がつきますか。

気づいたこと

② ①で見つけたことは、どのように確かめることができますか。自分の考えを隣の人やグループで説明し合い、下に書きましょう。

気づいたこと

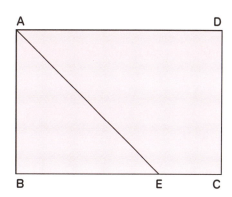

Activityで確かめたように、紙ABCDの辺ABを辺ADに重なるように折ると、折り目の線AEの長さと、辺ADの長さは等しくなっているようです。

このACTIVITYの背景にある数学的な内容

A4の紙 ABCD は、辺 AB を辺 DC に重なるように折ってできる長方形 MABN と相似になるようにできています。

> 形が同じ2つの図形を、**相似な図形**といいます。相似な図形では、対応する辺の比が等しくなっています。

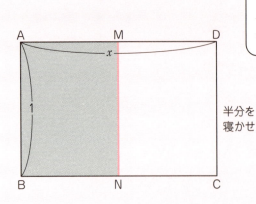

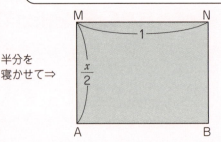

半分を寝かせて⇒

ここで、辺 AD の長さは、辺 AB の長さの何倍になっているかを調べるために、AB を1とし、AD を x として、x の値を求めてみます。

長方形 ABCD と長方形 MABN は相似だから、対応する辺の比は等しいので、

$x : 1 = 1 : \dfrac{x}{2}$ ……①

比例式の性質を使うと、①は

$\dfrac{x}{2} \times x = 1 \times 1$ ……②

と変形できます。

②より $\dfrac{x^2}{2} = 1$

$x^2 = 2$

$x > 0$ だから $x = \sqrt{2}$

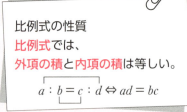

> 比例式の性質
> **比例式**では、
> **外項の積**と**内項の積**は等しい。
> $a : b = c : d \Leftrightarrow ad = bc$

> $x^2 = a$ を成り立たせる x の値を、a の**平方根**という。
> 正の数 a の**平方根**は2つあって、それらを $\pm\sqrt{a}$ で表す。

上で調べたように、A4の紙の縦と横の長さの比は、$1 : \sqrt{2}$ になっています。

A判の紙（A3、A4、A5など）では、一方の辺の長さは、他方の辺の長さの $\sqrt{2}$ 倍になっています。
$\sqrt{2}$ は、分数の形では表せないことがわかっています。
$\sqrt{2}$ や $1+\sqrt{3}$ のように、分数の形で表せない数を**無理数**といいます。
また、分数の形で表される数を**有理数**といいます。
有理数と無理数をあわせて、**実数**といいます。

問2 コピー機の倍率を表す部分には、71%や141%という表示が見られます。この数値には、A判の紙の特徴が現われています。どのような特徴なのか、隣の人やグループで話し合って、それを図や言葉、式で書きましょう。

特徴

・解説

倍率の値0.71の2乗はおよそ$0.5\left(=\dfrac{1}{2}\right)$で、1.41の2乗はおよそ2です。つまり、コピー機の倍率71%は「$\dfrac{1}{2}$に縮小すること」、141%は「2倍に拡大すること」を意味しています。
　そこには、無理数$\sqrt{2}$が潜んでいるのです。

A6の大きさは、文庫本（105mm×148mm）と同じ大きさです。
A6の各辺を$\sqrt{2}$倍にした長方形がA5の大きさであり、
A5の各辺を$\sqrt{2}$倍にした長方形がA4の大きさです。

ここではA判の大きさについて調べましたが、B6、B5、B4の大きさについても、対応する辺の比について同様のことが成り立っていますよ。
普段何気なく使っている本やノートの形、コピー用紙等には、数学がいろいろと潜んでいるのですね。

大学等での学びから現場での活用へ

ここで学んだこと

★ A4の紙を2つに折ると、その大きさはA5になること。
★ A4、A5、A6は、同じ形をしていること。
★ 相似な図形では、縦の長さ、横の長さのような対応する線分の比が一定になっていること。

現場での活用

★ 身近にある絵を拡大・縮小して園内ポスターを作る。
　　A4→A3（141%）、B4→A3（115%）
　　A5→A3（200%）、B5→A3（162%）

➡ 応用問題（相似な図形）p.118〜119

Scene 02
教材の準備をしました

`比例` `倍数・約数`

　園の教材室には、いろいろな材料や道具があります。それらの材料がどれくらいあるのかを把握したり、どんな道具で何をすることができるのかを知っていたりすることは、教材づくりをスムーズに進めるうえで大切なことです。

　あるとき、ハルカ先生は教材室で、地域の工場でいただいたきれいな色画用紙の束を見つけました。次の行事で使えるかどうかを判断するために、およその枚数を知る必要があります。ただし、枚数を1枚ずつ数えるには大変な量です。どのようにすれば、より簡単に枚数の見当をつけることができるでしょうか。

問1 次の（1）、（2）について知りたいとき、どのような方法で調べることができますか。また、なぜ、その方法で調べることができるのですか。

（1）紙はおよそ何枚あるのかな？

（2）木の高さはおよそ何 m あるのかな？

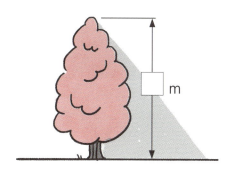

調べることが面倒だったり、直接調べることができなかったりする数量の大きさも、別なとらえやすい数量に目をつけて、比例などを利用することで、より簡単に調べられることがあります。考えたことをグループで話し合ってみても楽しいですね。

ACTIVITY
素数を見つけよう

自然数の中で、1とその数自身の2つしか約数をもたない数を、**素数**といいます（1は素数ではありません）。

次の表を用いて、次の手順で100までの数の中から素数を見つけましょう。

① 1を消す。
② 2を残して、2の倍数をすべて消す。
③ 3を残して、3の倍数をすべて消す。
④ 以下、同様に続ける。すると、素数だけが残る。

この方法は、素数以外の数を、ふるい落とす（消す）方法であることから、**エラトステネスのふるい**と呼ばれています。

自然数とは、正の整数（1、2、3、…）のことです。「エラトステネス」とは、古代ギリシャで活躍した人の名前です。人類で初めて、地球の大きさを測った人であるともいわれています。
約数とは、その数を割り切ることのできる数のことです。（例：6の約数は1、2、3、6）

1	2	3	4	5	6	7	8	9	10
11	12	13	14	15	16	17	18	19	20
21	22	23	24	25	26	27	28	29	30
31	32	33	34	35	36	37	38	39	40
41	42	43	44	45	46	47	48	49	50
51	52	53	54	55	56	57	58	59	60
61	62	63	64	65	66	67	68	69	70
71	72	73	74	75	76	77	78	79	80
81	82	83	84	85	86	87	88	89	90
91	92	93	94	95	96	97	98	99	100

この **ACTIVITY** の背景にある数学的な内容 ////////////////////////////

　素数は、無数にあることが証明されていますが、どんな規則性で表れるのかなど、明らかになっていないことも多く、いまも、多くの研究者が関心を寄せている数です。たとえば、大きな２つの素数をかけ算することは簡単ですが、そのようにしてつくられた数を、２つのもとの素数に分けることは大変です。そうした素数の性質は、コンピュータでやり取りする情報の暗号化など、私たちの身近な生活にも役立てられています。

　また、約数や倍数も、私たちの身のまわりに多く見られます。

　２の倍数は、**偶数**とも呼びます。それに対して、２で割り切れない（２で割ると１余る）整数を**奇数**と呼びます。つまり、偶数と奇数は、整数を２つの仲間に分ける一つの考え方です。

問2　**12345という数を例にして、次のことを考えましょう。**

　２の倍数（偶数）かどうかは、１の位の数を見ればわかります。１の位の数が、「０、２、４、６、８」ならば２の倍数です。したがって、12345は２の倍数ではありません。

　５の倍数かどうかも、１の位の数を見ればわかります。１の位の数が「０、５」ならば、５の倍数です。したがって、12345は５の倍数です。

（1）　４の倍数かどうかは、下２桁の数を見ればわかります。下２桁の数が、４の倍数ならばもとの数も４の倍数です。12345は４の倍数でしょうか？

この判断の仕方は、100を何倍かしてできた数は、すべて4の倍数になることと関係しています。12300は100×123でできた数であり、4の倍数です。

　12345は12300と45をあわせた数なので、下2桁だけを見れば、それが4の倍数かどうかを判断できるという仕組みです。

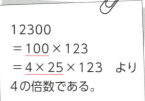

12300
＝100×123
＝4×25×123　　より
4の倍数である。

23400や34500も4の倍数であるということですね。

（2）3の倍数であるかどうかは、その数のそれぞれの位の数の和が、3の倍数であるかどうかを調べることでわかります。12345、45678はそれぞれ3の倍数でしょうか？

　12345の場合、それぞれの位の数の和は、1 + 2 + 3 + 4 + 5 = 15となり、15は3の倍数なので、12345も3の倍数であるとわかります。

　この判断の仕方が正しいことは、次のように説明することができます。ここでは3桁の数の場合を例にして示します。

• 解 説

3桁の数を $100a + 10b + c$ とする。ただし、a、b、c は整数である。
$$100a + 10b + c = 99a + a + 9b + b + c$$
$$= 99a + 9b + (a + b + c)$$
ここで、各位の数の和 $a + b + c$ が3の倍数であるとすると、
$a + b + c = 3k$ と表すことができる。ただし k は整数である。
すると、
$$100a + 10b + c = 99a + 9b + (a + b + c)$$
$$= 99a + 9b + 3k$$
$$= 3(33a + 3b) + 3k$$
$$= 3(33a + 3b + k)$$
と表すことができ、
a、b、k は整数より、$33a + 3b + k$ も整数であるから、
$100a + 10b + c$ は3の倍数である。

よって、3桁の数で、それぞれの位の数の和が3の倍数であるならば、もとの数も3の倍数である。

> 分配法則
> $ab + ac = a(b + c)$
> 例：$3 \times 2 + 3 \times 4 = 3(2 + 4)$

上の3の倍数の判断の仕方が正しいことを、5桁の整数の場合で証明するときは、もとの数を $10000a + 1000b + 100c + 10d + e$ （a、b、c、d、e は整数）として、同様に説明することができます。

いろいろな数で試してみよう！

問3 次の（1）と（2）の問題を考えましょう。

（1）縦6cm、横8cmの長方形のカードを敷きつめて正方形をつくります。何枚のカードがあればよいですか。

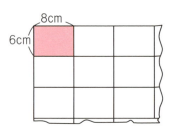

（2）縦48cm、横60cmの厚紙から、同じ大きさの正方形を、無駄なく切り取ります。どんな大きさの正方形が、何枚切り取れますか。

複数の整数（たとえば8と12）で、それぞれの数の約数のうち、共通する約数を**公約数**といい、そのなかで、最大のものを**最大公約数**といいます（8と12の公約数は、1、2、4です。8と12の最大公約数は4です）。また、それぞれの数の倍数のうち、共通する倍数を**公倍数**といい、そのなかで最小のものを**最小公倍数**といいます（8と12の公倍数は、24、48、72、…と無数にあります。8と12の最小公倍数は24です）。

問4 次に示すカレンダーについて、（1）と（2）の問題を考えましょう。

（1）30日は、何曜日ですか。

（2）月曜日の縦に並んでいる数は、「7で割ると1余る」整数です。同じように、ほかの曜日の縦に並んでいる数の特徴をいいましょう。また、日付から曜日を知る方法を説明しましょう。

大学等での学びから現場での活用へ

ここで学んだこと
★身のまわりにある関数（比例）に目を向け、関数を活用して問題を解決する方法を振り返る。また、素数、倍数、約数など、数の性質について振り返る。

現場での活用
★身のまわりの問題を関数の考えを用いて解決したり、教材づくりや物事の判断に、数の性質を活用したりすることができる。

➡ 応用問題（約数と倍数）p.91

Scene 03
消毒液を作るように頼まれました

濃度

　インフルエンザの流行と同時期、体調を崩す子どもが増えてきました。ナナコ先生は、上司から「嘔吐をする子どもが出るかもしれないから、床を拭くために3000mLの水に原液を加えて濃度0.1％の次亜塩素酸ナトリウム液を作っておいてください」と指示されました。

　次亜塩素酸ナトリウム原液の濃度は6％です。ナナコ先生は、何mLの原液を入れたらよいのかと困ってしまいました。

問1　このような水の量を決めてから原液を加えるという消毒液の作り方は、よく使われます。そのために、下のような便利な表を作っている園もあります。

消毒液の作り方（次亜塩素酸ナトリウムの希釈液）

		希釈濃度（使用時の濃度）	
		0.02％	0.10％
製品の塩素濃度	1％	50倍　水1L＋原液 20ml	10倍　水1L＋原液110ml
	5％	250倍　水1L＋原液　4ml	50倍　水1L＋原液 20ml
	6％	300倍　水1L＋原液3.3ml	60倍　水1L＋原液　17ml
	12％	600倍　水1L＋原液1.7ml	120倍　水1L＋原液 8.4ml

★目安…市販の塩素系消毒液は5〜6％が多い。ペットボトルのキャップ1杯は約5ml。
出典：保育園夢未来二俣川園　平成27年11月 保健だより

この表を使って、ナナコ先生が何mLの原液を入れたらよいのか考えましょう。

濃度6％の原液を使って、濃度0.1％の次亜塩素酸ナトリウム液を作るのですから、上の表では☐のところに当たりますね。

ACTIVITY
うがい薬を薄めてみよう

準備するもの　うがい薬、1Lの水が入る透明の容器
液体の体積を測る道具（計量カップ、メスシリンダー、ピペットなど）

前ページの表では、たとえば「60倍　水1L＋原液17mL」と書かれています。この60倍というのは、原液を60倍に希釈する（薄める）ということを表しています。

前ページの表を希釈の倍率（希釈率）に着目して整理すると、下の表のようになります。この表を用いて、うがい薬を原液として前ページの表にある下のような方法で、いろいろな希釈液（薄めた液）を作ってみましょう。

水	うがい薬	何倍に希釈しているか
1L	110mL	10倍
	20mL	50倍
	17mL	60倍
	8.4mL	120倍
	4mL	250倍
	3.3mL	300倍
	1.7mL	600倍

作った希釈液とうがい薬を見比べて、「○倍に希釈する」というのはどれぐらい薄めることになるのか、色で比べてみましょう。

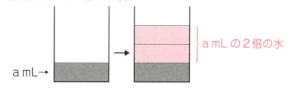

原液 a mL を 3 倍に希釈する

a mL →　　a mL の 2 倍の水

子どもたちは、アサガオの花のしぼり汁などを使って、「ジュース屋さん」などの遊びをするでしょう。そのときに、この Activity と同じように、ジュースを薄めたり、濃くしたりする活動が見られます。

この ACTIVITY の背景にある数学的な内容 ///////////////////////////////

　次亜塩素酸ナトリウム液のように水に何かが溶けている液体があるとき、溶けているものの量の、その液体の全体量に対する割合のことを濃度といいます。したがって、濃度は次の式で求められます。

　　　濃度＝溶けているものの量÷液体全体の量
　　　　　＝溶けているものの量÷（溶けているものの量＋水の量）

溶けているものの量÷水の量ではありません（この式では、溶けているものの量と水の量が同じ場合が、濃度100％になってしまいます）。そして、上の式から

　　　溶けているものの量＝液体全体の量×濃度

であることがわかります。

　これらの式を使って、「水3000mL に原液を加えて、濃度0.1％ の次亜塩素酸ナトリウム液をつくる」ことを考えてみましょう。
　濃度6％ の原液を x mL 加えるとすると、この原液に溶けている次亜塩素酸ナトリウムの量は、

$$x \times 0.06 = 0.06x \,(\mathrm{mL})$$

になります。そして、作りたい濃度0.1％ の次亜塩素酸ナトリウム液全体の量は、原液と水の量の和ですから、

$$x + 3000 \,(\mathrm{mL})$$

になります。そこで、作りたい次亜塩素酸ナトリウム液の濃度を表す次の方程式ができます。

$$0.06x \div (x + 3000) = 0.001 \qquad ※ 0.1\% = 0.1 \div 100 = 0.001$$

それではこの方程式を解いてみましょう。

　　　　$0.06x \div (x + 3000) = 0.001$
　両辺に $(x + 3000)$ をかけると　$0.06x = 0.001 \times (x + 3000)$
　両辺を1000倍すると　$60x = x + 3000$
　右辺 x を左辺に移項して
　　$59x = 3000$
　両辺を59で割ると　$x = 3000 \div 59 = 50.8\cdots \fallingdotseq 51$

となり、原液を51mL 加えればよいことがわかります。

第2部

問2　水3000mLに濃度5％の原液を加えて、濃度0.02％の次亜塩素酸ナトリウム液を作りたいときは、原液を何mL加えるとよいでしょうか。次の2つの方法で考えましょう。

（1）p.30の表を使う

（2）前ページのように方程式をつくって解く

保育者にかかわる数・量・形【バックヤード（事務室）で必要な数学力】

大学等での学びから現場での活用へ

ここで学んだこと

★早見表を使って希釈液を作る。
★希釈率の違う希釈液を作って、濃度の違いを確認する。
★濃度について方程式をつくり、それを解く。
★希釈、濃度を理解して、いろいろな濃度の消毒液を作る。

現場での活用

★薬品等の管理
★子どもとのクッキングやジュース作り

→ 応用問題（溶液の濃度）p.105

Scene 04
園の広報をすることになりました

データの分析

環境にやさしい園づくりをめざし、マユ先生は広報資料を作ることになりました。その一つとして、「園内で1年間に使われる水の量」についての掲示物を作成し、みなさんに知ってもらおうと思います。毎月の使用量を表す数値は、水道メーターの記録を見るとわかります。さて、それをどのように掲示物に表すとよいでしょうか。

問1 「園内で1年間に使われる水の量」について掲示物を作ります。次に示す表し方を、それぞれ何といいますか。
　また、それぞれの表し方の特徴をいいましょう。

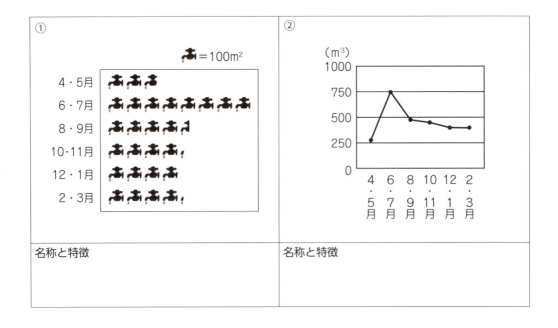

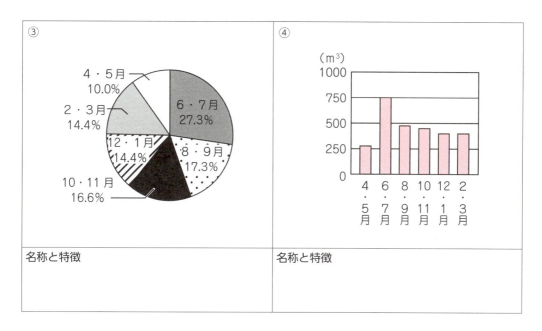

③ 名称と特徴	④ 名称と特徴

保育にかかわる事務を行ううえで、統計の知識が必要になることがあります。
また、教室の掲示物や保護者向けの資料などを作るうえでも、統計の知識が必要です。

ACTIVITY
データを整理して傾向を読み取ろう！

ある認定こども園の園児の通園時間（分）

14, 19, 25, 23, 18, 16, 14, 15, 22, 12,
16, 11, 18, 15, 24, 18, 21, 13, 25, 26,
13, 24, 27, 14, 26, 18, 25, 23, 22, 18,
24, 14, 23, 27, 18, 14, 18, 24, 12, 16,
21, 20, 18, 15, 26, 19, 16, 18, 20, 23,
21, 23, 24, 20, 23, 18, 21, 18, 27, 15,
16, 22, 18, 18, 22, 18, 10, 14, 15, 25,
11, 18, 27, 18, 13, 23, 26, 23, 16, 22,
24, 21, 12, 19, 15, 24, 16, 18, 28, 23,
26, 18, 15, 21, 16, 15, 25, 14, 23, 18

上のデータは、ある子ども園の園児100人の通園時間（分）を表す数値です。
右の表Aと表Bは、どちらも、上のデータをまとめたものです。

表A

時間（分）	人数（人）
9以上～12未満	3
12 ～15	13
15 ～18	16
18 ～21	25
21 ～24	21
24 ～27	17
27 ～30	5
計	100

表B

時間（分）	人数（人）
9以上～11未満	1
11 ～13	5
13 ～15	10
15 ～17	16
17 ～19	19
19 ～21	6
21 ～23	11
23 ～25	17
25 ～27	10
27 ～27	5
計	100

下に示すものは、表Aをもとにしてかいたグラフヒストグラムです。

表Bをもとにしたヒストグラムを、下のヒストグラムに重ねてかきましょう。また、表Aをもとにしたときと、表Bをもとしたときとについて、できるヒストグラムから読み取れるデータの傾向について話し合いましょう。

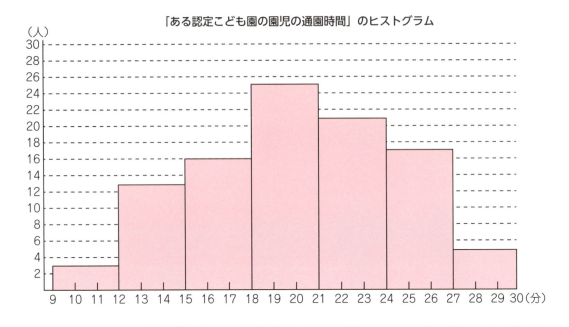

 前ページの問1の棒グラフを見てみましょう。棒グラフは、各項目が独立しており、それぞれの項目の大きさを棒の長さで表します。棒グラフでは棒の幅は関係ありません。それに対してヒストグラムでは、一方の軸に連続量を取ります（上のヒストグラムでいうと横軸）。ヒストグラムは、データの分布（散らばり）の様子をとらえるのに適しています。

このACTIVITYの背景にある数学的な内容

Activityで扱った表Aや表Bは、**度数分布表**といいます。また、その度数分布表では、時間を区間に分けて表していました（たとえば、表Aの最初の区間は9分以上12分未満となっています）。この各区間のことを**階級**といい、区間の幅のことを**階級の幅**といいます。

同じデータであっても、度数分布表の階級の幅によって、ヒストグラムの形が大きく変わって見えることがあります。データの傾向を読み取るときは、階級の幅を考えることが大切です。

また、データの散らばりを表すほかの方法に、**箱ひげ図**があります。右の図は、あるバレーボールチームの選手の身長のデータの散らばりを表す箱ひげ図です。**中央値**とは、チームの選手の身長を低い順（または高い順）に並べたときの、人数のちょうど真ん中となる選手の身長を表します（21人のチームならば、身長の順に並んだ

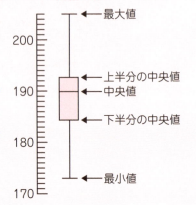

36

11番目の選手の身長ということです。選手の数が偶数のときの中央値は、中央の2人の身長の平均値をとって中央値とします）。下半分の中央値（**第1四分位数**という）と上半分の中央値（**第3四分位数**という）をとり、箱を形作ると、箱の中に含まれる人数は、チーム全体の半分の人数となります。

〈人口ピラミッド〉

　人口ピラミッドも、ヒストグラムの一つです。下のヒストグラムからは、「山が2つある（43歳、65歳ぐらいのところ）」という傾向が見られることがわかります。

　実は、1947年－1949年ごろは「第一次ベビーブーム」、1971年－1974年ごろは「第二次ベビーブーム」と呼ばれ、多くの出生があった年でした。その頃に生まれた方々が山があるところに該当します。

　また、「極端にへこんでいるところがある」ことも読み取れますね。この原因は何なのでしょうか。各自で調べてみましょう。

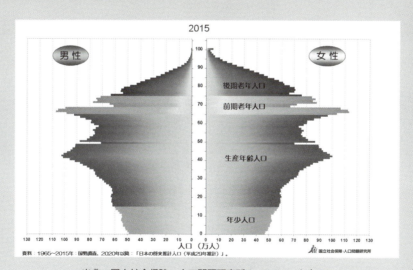

出典：国立社会保障・人口問題研究所ホームページ（http://www.ipss.go.jp/）

問2 次の資料から読み取れることをいいましょう。

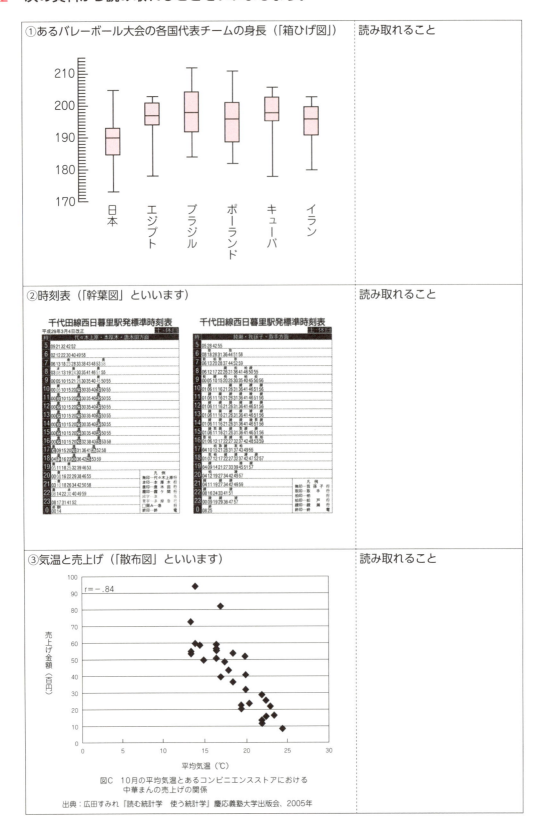

職員室での仕事にはいろいろあります。それらを行ううえで、コンピュータの表計算ソフトを使って正確に早く計算したり、見やすくきれいなグラフをかいたりすることができると、仕事がとてもはかどります。

ACTIVITY
コンピュータの表計算ソフトを使って作成してみよう!

①園内に掲示する「園内で1年間に使われる水の量の各種グラフ」(棒グラフ、折れ線グラフ、円グラフ)

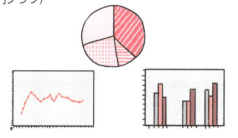

②子どもと保護者向けの「身体計測(身長、体重)の結果の経年変化について知らせるための表とグラフ」

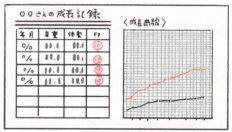

③保護者向けの「遠足の会計報告」(収支の状況や使途がわかるもの)

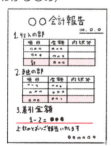

④研究会の資料としての「通園時間と園児数との関係を表す度数分布表とヒストグラム」

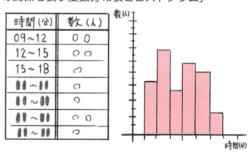

※萌文書林 HP にサンプルデータがあります。次の URL からダウンロードできます。
houbun.com/appendix/278

大学等での学びから現場での活用へ

ここで学んだこと
★資料のいろいろな表し方がもつ特徴や、それらからデータや資料の傾向を読み取る際の見方・考え方を振り返る。

現場での活用
★保育業務にかかわる資料の的確な読み取りをすることができる。また、教室の掲示物や保護者向けの資料などの作成で、適切かつ効果的な表し方を用いることができる。

➡ 応用問題(データの活用) **p.135**

第2部　保育者にかかわる数・量・形【バックヤード(事務室)で必要な数学力】

第2章 園の生活に見られる数学

Spring 01

幼稚園での生活がはじまりました

集合数 順序数 1対1対応 座 標

　日本の1世帯あたりの人員は2.47人、児童がいる世帯は全世帯の24.1%、そのうち平均児童数は1.07人だそうです。

　家庭で過ごしてきた子どもたちにとって、園ではずいぶん大勢の人と出会うこととなります。また、靴箱やロッカーなど所定の場所が決められているのも家庭の環境とは大きな違いでしょう。園で生活するということは、さまざまな場面で、さまざまな意味をもった数に出合う場となります[※]。

※出典：厚生労働省「平成28年 国民生活基礎調査の概況」2017年

問1　下の例のように、1から10までの整数が出てくる短い話を作りましょう。
　　　例　「この教室に先生は1人います」「今日授業は3コマで終わりです」
　　　　　「私の家族は5人です」
　　　本当にある話にしましょう。できたら、11から20までも作ってみましょう。

ACTIVITY
キャンパスで数字を探そう

準備するもの　デジタルカメラ、パソコン、1から100までの数表

① グループで、学んでいるキャンパスのなかにある1から100までの整数の数字を探して、写真に記録します。

② 記録した数字の写真に、その数字がどんなことを表しているかの説明を加えて整理します。

③ 1から100までの数表を使って、見つかった数字と見つからなかった数字を、別の紙やノートに下のような表を作って整理してみましょう。

【別の紙やノートに作る表の例】

1 1F	2	3	4	5	6	7	8	9	10
11 時間 11:00	12 12%off券	13	14	15	16	17	18	19	20
21	22	23	24	25	26	27	28	29	30
31	32 ×（見つからなかった）	33	34	35	36	37	38	39	40 ㊵
41	42	43	44	45	46	47	48	49	50
81	82	83	84	85	86	87	88	89	90
91	92	93	94	95	96	97	98	99	100 ¥100 つめた〜い

④「数字探し」の活動で気づいたことをグループでまとめます。

⑤ グループごとの「数字探し」について発表します。

見つかった数字はどんな数字ですか？
見つかった数字は、グループに分類できるでしょうか。

この ACTIVITY の背景にある数学的な内容

数には、大別して次の2つの使い方があります。

集合数…ものの集まりの大きさ（集合の要素の数）を表す
順序数…ある物の順番を表す

この2つの使い方は、子どもたちの生活の中に多く見られますので、前ページの Activity でも確かめることができるでしょう。また、小学校の算数では、第1学年で、下のような例によってその区別を学習します。

まえから　3にん……

まえから　3ばんめ…

そして、集合数では、物の個数を比べようとするとき、それぞれの個数を数えなくても、**1対1の対応**をつけることで、個数の大小を判断することができます。たとえば、下の図では、みかんとバナナの間に1対1の対応をさせることで、みかんの数のほうが多いことがわかります。

また、集合数として個数を数えたり、順序数として順番を表したりする操作は、対象とする集合の要素の1つ1つと数字の系列「1、2、3、4…」との間に1対1対応をつけていることになります。

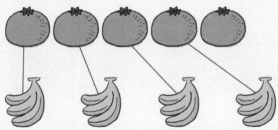

また、子どもたちは、園での生活や遊びの中で「上下、左右」の位置関係を理解していきます。これと順序数の理解を組み合わせることによって、平面上の位置（座標）を表すことができます。たとえば、園の中に右のような場所があります。

自分の場所を「上から◯番目、右から◯番目」と表すことができますね。

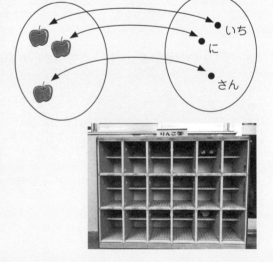

このような学習は、小学校算数の第1学年からはじまりますが、園での生活や遊びのなかにも多く見られます。

問2　図のA〜Dの座標を答えなさい。

A（　　,　　）　B（　　,　　）

C（　　,　　）　D（　　,　　）

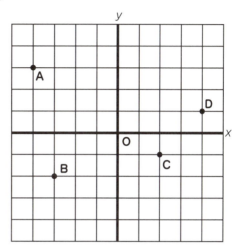

「上から◯番目、右から◯番目」という子どもの表現が、座標と同じ考え方であることがわかりますね。座標で表現する場合は、原点Oの場所や負の数を使うことに注意しましょう。

幼児期の経験から小学校の学びへ

幼児期の経験

【ねらい】
数を数えたり、順番に並んだりすることを楽しむ。

【体験する数量・図形】
★集合数
★順序数
★物の位置を表す数（平面座標）

小学1年生

★100までの数の構成

応用問題（点の座標）p.130

Spring 02
誕生会用に壁面を飾りました

黄金比と白銀比

　壁面に子どもたちの誕生日カレンダーを作ることになりました。アヤカ先生は学生時代に実習先で見た、誕生日のゴンドラ（気球）に子ども自身が描いた顔を貼り付けた壁面が忘れられません。
　そこで、子どもが自分の顔を描く動機付けにもなるようなすてきなゴンドラを作りたいと思いました。
　バランスのとれたゴンドラにするために、図1のように長方形をもとにして、台形を描きます。この台形は、長方形の上辺の二つの頂点からコンパスを用いて同じ大きさの弧を描き、下辺と交わる点を台形の下辺となるようにしています。
　もとの長方形の縦横の長さのバランスを考えてみましょう。

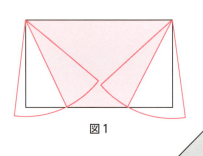

図1

ACTIVITY
バランスのよい長方形を書いてみよう

準備するもの　電卓、定規

①下に書かれた点Aから縦に50mmの線分ABを書きなさい。次に、線分ABを長方形の短い辺として、バランスがとれていると思う長方形を一つ描いてみましょう。

A•

②描いた長方形の長い辺の長さ（㋐）を mm の単位まで測ってみましょう。

③クラスのみんなで長方形の長い辺の長さ（㋐）を発表し合い、30個のデータについて、㋐÷50 を小数第1位まで計算して下の表にまとめてみましょう。

学籍番号	1	2	3	4	5	6	7	8	9	10
㋐÷50										

学籍番号	11	12	13	14	15	16	17	18	19	20
㋐÷50										

学籍番号	21	22	23	24	25	26	27	28	29	30
㋐÷50										

④㋐÷50の値を、次の方眼紙にとって、ばらつきを調べてみましょう。また、電卓を使って平均値を調べてみましょう。

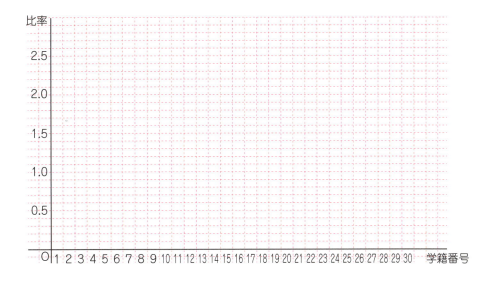

上で調べたことから、バランスがとれていると判断している（長辺）÷（短辺）の値にどのような傾向があるでしょうか。中央値や最頻値なども調べて、話し合ってみましょう。

このACTIVITYの背景にある数学的な内容

　バランスがよいと考えられる長方形の、長辺の長さ÷短辺の長さの値は、およそ1.4～1.7の範囲にあると考えられます。

　二つの線分の比について、昔からバランスがとれていて美しいといわれるものに、二つあります。一つは**白銀比**で$1:\sqrt{2}$、もう一つは**黄金比**で$1:\dfrac{1+\sqrt{5}}{2}$です。

　$\sqrt{2}≒1.414$、$\sqrt{5}≒2.236$なので、白銀比は、$1:1.4=10:14=5:7$
　黄金比は、$1:1.6=10:16=5:8$　となります。

• 解説

　正五角形の一辺の長さと対角線の比は**黄金比**になっています。また、黄金比は、古代ギリシャの彫刻ミロのビーナスやパルテノン神殿など古代の建築、絵画、彫像などのほか、松ぼっくりやひまわりの種の配列などにも現れているといわれています。

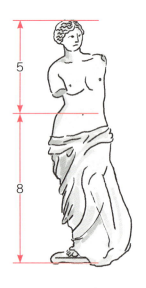

ミロのビーナス

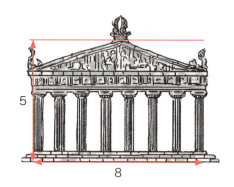

パルテノン神殿

　白銀比は、正方形の一辺の長さと対角線の比で、私たちがよく使っているコピー用紙の縦横の比となっています。また、法隆寺などの神社仏閣の建物にも見られます。

　バランスがよいと考えられる比は、黄金比や白銀比に似たものになっていて、たとえば、クレジットカードは黄金比、官製はがきは白銀比に近い値となっています。

法隆寺金堂

問1　2辺の長さが白銀比や黄金比となっている長方形を描き、ゴンドラの台形部分を作りましょう。

（1）縦と横の長さの比が、$1:\sqrt{2}$ となっている長方形（次の正方形を使って）

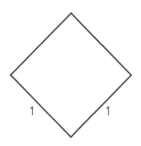

（2）縦と横の長さの比が $1:\dfrac{1+\sqrt{5}}{2}$ となっている長方形（次の直角三角形を使って）

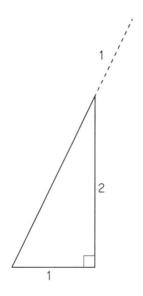

●解 説

右の図を見てください。長方形Rと、Rから正方形を切り取った長方形R'とが相似(R'を拡大するとRになる)になるとき、長方形Rの縦と横の長さの比が黄金比となります。この比を求めてみましょう。

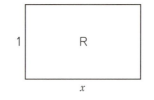
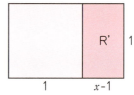

もとの長方形Rの縦の長さを1としたときの横の長さをxとすると、R'の長方形の二辺の長さは、1と$(x-1)$である。RとR'が相似なので、二つの長方形の対応する辺の長さの比が等しい。

よって、$1:x = (x-1):1 \Leftrightarrow x(x-1) = 1$となる。

これを整理すると、$x^2 - x - 1 = 0$となる。

解の公式から$x > 0$なので、$x = \dfrac{1+\sqrt{5}}{2}$

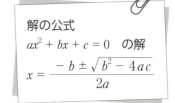

解の公式
$ax^2 + bx + c = 0$ の解
$x = \dfrac{-b \pm \sqrt{b^2 - 4ac}}{2a}$

問2 上部のパラソルは、次のようにして作図しましょう。

① 直線を想定して、同じ大きさの4つの円を次のような配置になるように描く。

② 同じ大きさの2つの円が、それぞれ3つの点を通るように描く。

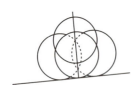
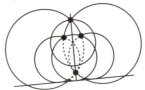
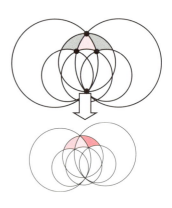

たとえば、①は点$(-2, 5)$ $(0, 5)$ $(2, 5)$ $(0, 7.5)$を中心とする半径5の円を描くとよい。②は、3点を通る円の中心は、各2点の垂直二等分線上にあることを利用するとよい。

第2部 保育者にかかわる数・量・形【園の生活に見られる数学】

壁面に飾るゴンドラについては、保育者が問1と問2で作った台形とパラソル部分を、さまざまな大きさにコピーして切り取ったものを事前に用意します。子ども（5歳児）と保育者が一緒に作るとよいでしょう。

〈準備するもの〉
　　拡大したパラソル　　　ゴンドラ
　　柱（細長く切った画用紙）　子どもの顔写真（絵）
①子どもが気に入った色の台形を選び、保育者はそれに誕生日と名前を書く。
②子どもがパラソルに好きな色を塗る。
③降園後、保育者が完成させ、壁面にバランスよく貼る。

幼児期の経験から小学校の学びへ

幼児期の経験	【ねらい】 バランスのとれたゴンドラやパラソルに触れることを通して、美しい形に興味や関心をもつ。
	【体験する数量・形】 ★円や白銀比・黄金比をもとに作成された台形に触れる。
小学3年生	★円
小学4年生	★台形

➡ 応用問題（二次方程式の解、相似な図形、代表値）p.110、119、135

49

Spring 03
みんなで遊びました

`数の分解と合成`

　帰りの集まりの時間、アオイ先生は久しぶりにクラス全員で「数集まりゲーム」をやってみました。

　「数集まりゲーム」とは、笛などを鳴らした数と同じ人数で集まって手をつないで座るというものです。

　女児と男児との混合のグループになるように子どもたちに伝えました。笛を5回鳴らすと、子どもたちは5人ずつのグループになって座ります。

　集まった女児3人が「男の子2人、いませんか」と言いながら、男児の2人組を探しています。

ACTIVITY
数集まりゲームをやってみよう

`準備するもの` 笛一つ、頭に付ける紙製の輪（男児役の人数分）

　みなさんで「数集まりゲーム」をやってみましょう。まず、女児役、男児役がほぼ半数ずつになるように役を決めておきます。男児役の人は頭に紙製の輪を付けて目印にします。

①笛が4回鳴った場合のゲームをやってみましょう。

②鳴らす笛の回数をいろいろと変えて、やってみましょう。

園で実際に行う場合には、鳴った笛の数だけ子どもが集まらずグループが作れない子どもたちや、いつもグループに入れない子どもへの配慮が重要です。また、熱中して手を引っ張りあってしまい、けがをしてしまうことのないような配慮も必要ですね。

問1　「数集まりゲーム」で笛が5回鳴った場合に、一緒に座る女児と男児の組み合わせを、すべて示してみましょう。

問2　隣の人やグループで、問1の解答の表現を見比べます。
　それらの表現方法にはどんな共通の特徴があるかを話し合って、下に書いてみましょう。

　たとえば合わせて5になる2つの数の組合せを表現する方法には、右に示したように絵で表したり図で表したり、座標のように数の組（2，3）で表したりする方法があります。

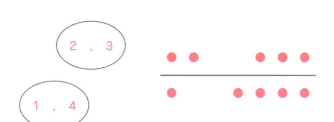

　上では「合わせて5になる2つの数の組合せ」を表現する方法をいろいろと考えました。このような遊びを子どもと楽しむ場合には、子どもが描いた絵などの表現を大切にしたいですね。それが、子ども自らが表現することへの関心を高め、数への関心を高めることになるでしょう。

このACTIVITYの背景にある数学的な内容

「数集まりゲーム」で考えたように、数を分解したり合成したりすることは、小学1年生の学習の中心的な内容です。次の（1）、（2）はいずれも、たし算の具体的場面です。

(1) ペンケースに鉛筆が4本入っています。
そこに新しい鉛筆を3本増やしました。
ペンケースには全部で何本鉛筆が入っていますか。

(2) 兄は鉛筆を4本、弟は3本持っています。
兄弟合わせて何本の鉛筆を持っていますか。

(1)、(2)のいずれも、計算の式は4＋3で表されますが、その意味は異なっています。
　(1) では、4から3だけ増えて、全部で7です。
　(2) では、4と3を合わせて、全部で7です。
(1)のような加法を**増加**といい、(2)のような加法を**合併**といいます。

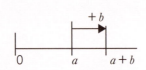
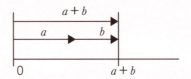

〈増加〉a から b だけ増えて、$a+b$　　　〈合併〉a と b を合わせて、$a+b$

子どもたちは、遊びや日々の生活のなかで、さまざまな具体的場面を通して増加や合併の意味でのたし算を理解していくのです。私たちも日常的に増加と合併を意識して、「増えるといくつ」「合わせていくつ」を使い分けて言葉がけをしましょう。

問3　計算の式が2＋3で表される、増加、合併それぞれの意味でのたし算の話をつくりましょう。

増加

合併

問4 8＋5を例にして、繰り上がりのあるたし算の計算方法について考えます。□に当てはまる数を書きましょう。

$$8 + 5 = 8 + (□ + 3)$$
$$= (8 + □) + 3$$
$$= □ + 3$$
$$= 13$$

左の式では、
加法の結合法則
$(a + b) + c = a + (b + c)$
が使われている。

●解説

問4の8＋5の計算では、8と2を合わせて10のまとまりをつくるために、加える数5を、2と3に分解しています。

このように、繰り上がりのあるたし算は、加える数を分解（**加数分解**）して計算することができます。また、加えられる数を分解（**被加数分解**）して
$$8 + 5 = (3 + 5) + 5 = 3 + (5 + 5)$$　と計算することもできます。
その計算の途中では、加法の結合法則が使われています。

「数集まりゲーム」で具体的に考えた数の分解や合成は、こんなところに生きています。子どもの何気ない遊びのなかに、算数の基礎的な内容を見出すことができるのですね。

数は3や4のように数字を使って表され、「さん」や「し」と読む。
「さん」や「し」のように、数量や順序を唱える言葉を**数詞**という。

幼児期の経験から小学校の学びへ

幼児期の経験

【ねらい】
「数集まりゲーム」を友達と一緒に楽しむ。

【体験する数・量・形】
★「数集まりゲーム」を通して数に関心をもつ。
★5を分解したり合成したりすること。

小学1年生

★たし算・引き算
★繰り上がりのあるたし算、繰り下がりのある引き算

小学4年生

★計算法則
　結合法則、交換法則 $a + b = b + a$、
　分配法則 $a × (b + c) = a × b + a × c$
★計算を簡単に行う工夫、おもしろい計算

➡ 応用問題（式の展開）p.107

Summer 01
七夕飾りを作りました

`線対称` `点対称`

　もうすぐ七夕です。サクラ先生は小学校のころ、織り姫や彦星、網飾りを作って飾ったことを思い出しました。今年は子どもたちと一緒に何を作ろうか…。前担任に聞いたところ、4歳児クラスの時には短冊のほか、輪っか綴り、三角綴り、ひし形綴りを作ったとのことでした。

　そこで今年は、「ひと裁ち折り」で飾りを作りながら子どもたちと楽しむことにしました。「ひと裁ち折り」とは、紙を何度か折り、その一部を直線で切り落として形を作る遊びです。

問1　下の図のように折り紙を折り、太線に沿ってはさみで切ると、どのような形になるでしょうか。予想してみましょう。

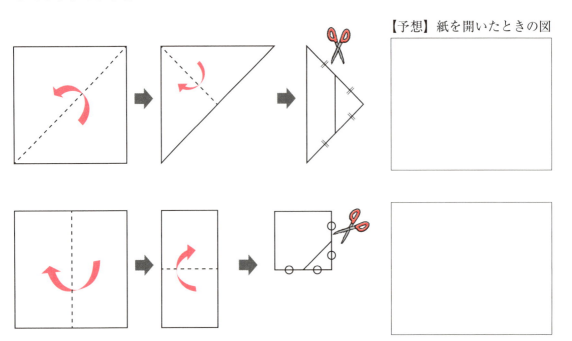

ACTIVITY
「ひと裁ち折り」をやってみよう

準備するもの 折り紙、はさみ

①問1に示された「ひと裁ち折り」を実際にやってみましょう。予想した形になるでしょうか。

② いろいろな「ひと裁ち折り」をして遊びましょう。

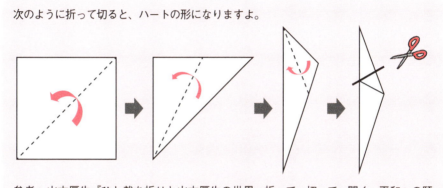

次のように折って切ると、ハートの形になりますよ。

参考：山本厚生『ひと裁ち折りと山本厚生の世界—折って、切って、開く、平和への願い』萌文社、2012年

問2 ひと裁ち折りによってできた形には、どのような特徴があるでしょうか。折り目を手がかりに調べてみましょう。

このACTIVITYの背景にある数学的な内容

たとえば、図1に示す三角形ABCにおいて、辺ABと辺BCが重なるように折ります。この操作によってできる折り目（直線BD）は、角ABCの二等分線となっています。このように、2つの直線が重なるようにして折ると、その折り目は、2つの直線がつくる**角の二等分線**になります。

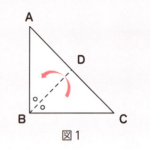

図1

では、最初に折ってできた折り目に注目してみましょう。たとえば、ハートの形では直線AFが最初に折ってできた折り目です（図2）。この折り目は、角の二等分線ということのほかに、どのような特徴があるでしょうか。

1本の直線を折り目として折ったとき、ぴったり重なる図形を**線対称**な図形といいます。また、この直線を**対称の軸**といいます。線対称な形で、二つ折りにしたときに重なり合う点、辺、角をそれぞれ**対応する点**、**対応する辺**、**対応する角**といいます。線対称な図形では、対応する点を結ぶ直線は、対称の軸と垂直に交わります。また、この交わる点から対応する点までの長さは、等しくなっています。

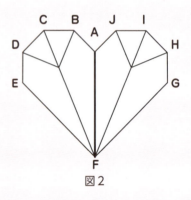

図2

　　小学校では、線対称のほかに点対称の観点からも図形の考察を行います。1つの点Oを中心にして180°回転したときに重なり合う図形を**点対称**な図形といいます。点対称な図形では、対応する点を結ぶ線分は、中心にした点（**対称の中心**）Oを通り、その中心によって二等分されます。
　　保育では、線対称や点対称という用語は使いませんが、折り紙や七夕飾りの製作などを通して、体験的に学んでいきます。

問3 都道府県や市などのマークには、対称な形になっているものがあります。探してみましょう。

島根県

奈良県

京都府

あなたの都道府県や市などのマーク

問4 下の四角形で、次のことを調べて表にまとめましょう。

正方形　　　　長方形　　　　ひし形　　　　平行四辺形

（1）線対称な四角形はどれですか。また、線対称のとき、対称の軸は何本ありますか。
（2）点対称な四角形はどれですか。また、点対称のとき、対称の中心はどこですか。

	線対称	対称の軸の数	点対称
正方形	○	4	○
長方形			
ひし形			
平行四辺形			

作った表を見て、気づいたことを話し合いましょう。線対称や点対称の観点から、図形の関係が見えてきますね。

幼児期の経験から小・中学校の学びへ

幼児期の経験

【ねらい】
折り紙を切るとできる美しい形を楽しむ。

【体験する数量・図形】
★折り目を対称の軸とする線対称の形を作る。

小学6年生

★線対称・点対称

中学1年生

★平行移動：一定の方向に、一定の距離だけ動かす移動
★対称移動：ある直線を折り目として折り返す移動
★回転移動：ある点を中心として、一定の角だけ回転させる移動

➡ 応用問題（図形の移動）p.113

Summer 02
夏野菜が採れました

立体の切断

今年の野菜づくりは大成功。お弁当の時間に、毎日採れるトマトをクラスのみんなで食べました。子どもたちが輪切りにしたオクラで保育者が味噌汁を作ったり、子どもたちもピーマンを自宅に持ち帰ったりしたのですが、食べるのには適さないほど大きくなってしまった野菜がいくつか出てきました。

そこでミサキ先生は、子どもたちと一緒に野菜を使ってスタンピングで遊んでみようと思い立ちました。

問1 キュウリを切るとどのような断面が現れるでしょうか。下にかいてみましょう。

第2部 保育者にかかわる数・量・形【園の生活に見られる数学】

ACTIVITY
野菜のスタンピングをしてみよう

準備するもの　ピーマン、ニンジン、キュウリ などの野菜、紙（カード）、スタンプ台

①野菜の切り口をスタンプ台につけ、紙に押します。いろいろな切り方をして遊びましょう。

②どのような切り口ができたでしょうか。形の特徴を下にまとめましょう。

③スタンピング クイズをしましょう。
　（1）カードの表に、切り口を使ってスタンプを押します。
　（2）カードの裏に、どの野菜をどのように切断したかをかきます。
　（3）作ったカードを交換して、クイズを出し合いましょう。

スタンピングでできた形の輪郭を、ペンでなぞってみましょう。子どもたちはいっそう形に注目します。絵を描きはじめる子も出てきたりして、遊びがますます発展していくでしょう。

このACTIVITYの背景にある数学的な内容

野菜の切り口は、切り方によってさまざまな線対称な形、点対称な形が現われます。

例：ピーマンの切り口に見る線対称な形　キュウリの切り口に見る線対称・点対称な形

ニンジンは、円錐の形に似ています。円錐を一つの平面で切ると、切断する平面の角度によって下の図のような形が現われます。

　　　　円　　　　　　　　　だ円　　　　　　　　放物線　　　　　　　双曲線

　円錐を底面に平行に切断すると、その切断面は円になります。やや傾けて底面に触れない、かつ底面に平行でない平面で切断すると楕円になります。また、円錐の傾き（母線）に平行な平面で切断すると放物線が得られます。さらに角度を大きくして母線に平行ではない平面で切断すると双曲線が得られます。ここに現われる円、楕円、放物線や双曲線は円錐曲線といわれ、いまから2300年ほど前からいろいろ性質が調べられてきました。

スタンピングで用いる野菜の種類を工夫したり、切り方に関する声かけを工夫することで、スタンピングから生まれる形が数学的に豊かになりますね。また、日常生活のいろいろな場面でも、円錐の切断面を見ることができます。どのような場面で見られるか、探してみましょう。

問2　円柱を（1）（2）のように切断すると、切り口にはどのような形が現われますか。下の見取図に切断面の形を描き入れて考えてみましょう。

（1）回転の軸 *l* に垂直な平面で切る　　（2）回転の軸 *l* を含む平面で切る

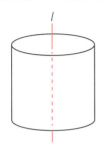 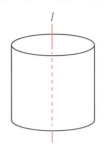

● 解説

　円錐や円柱のような回転体を、**回転の軸に垂直な平面**で切断すると、切り口には**円**が現われます。また、**回転の軸を含む平面**で切ると、円錐の場合は二等辺三角形、円柱の場合は長方形となり、**線対称な図形**が現われます。実際に物を切ってその切り口を観察したり、切り口の図形を想像したりするだけにとどまらずに、簡単な場合について、切り口がそのような図形になる理由を考えることが大切です。

問3　タカシくんとユウコさんは、下の図のようなチョコレートケーキを二人で分けます。どのように切れば、等しい大きさに分けることができるでしょうか。

いろいろな切り方がありそうだね

● 解説

　長方形のような点対称な図形は、対称の中心を通る直線によって2つの合同な図形に分けることができます。したがって、下の図のように対称の中心を通り、底面に垂直に包丁を入れると、等しい大きさに分けることができますね。

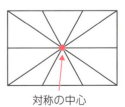

対称の中心

問4 次のシルエットを見て、もとの立体は何か考えましょう。

・解説

立体の特徴をとらえるために、立体を平面上に図表示することがあります。その方法の一つに、**投影図**があります。たとえば、右の図のように、三角柱を平面上に表すことができます。上の図を**立面図**、下の図を**平面図**といい、合わせて投影図といいます。

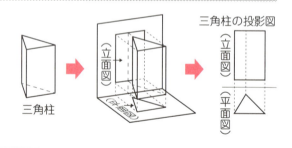

幼児期の経験から中学校の学びへ

幼児期の経験 → 中学1年生

【ねらい】
野菜を切るとできる形や、スタンピングによってできる模様を楽しむ。

【体験する数量・図形】
★切り方によって様々な断面の形ができることに気づく。

★空間図形の構成と平面上の表現（投影図）

→ 応用問題（空間図形）p.122

動物園へ行きました

速さの比較

　園外保育で動物園に行きました。ウサギを見て「ウサギって、走るの速いよね」と一人の子が言うと、近くにいた子が「カメより速いけど、チーターよりは遅いんじゃない？」と言いだしました。すると、別の子が「オリンピックみたいに、人や動物たちが競走したら、誰が一番になるかな？　先生、教えて」と言ってきました。ユイ先生は、その場では「競走だったら、チーターが一番だと思うよ」と答えましたが、どのくらい速いのかをどのように伝えたらよいのかわかりませんでした。

第2部　保育者にかかわる数・量・形【園の生活に見られる数学】

ACTIVITY
速さを比べてみよう

準備するもの　インターネットで検索できるスマホなど

問1　表からチーター、ライオン、ゾウ、カメの動物と人が走る速さを調べて、順位をつけてみましょう。

	道のり（m）	時間	順位
チーター	150	5.4秒	
ライオン	100	4.5秒	
ゾウ	50	4.5秒	
カメ	100	6分	
人	150	2分15秒	

速さは、同じ道のり（長さ）を走り抜く時間で比べられます。また、同じ時間にどれだけ走れるかでも比べられます。
後者の場合、単位時間の選び方によって、時速、分速、秒速があります。
時速：1時間あたりに進む道のり
分速：1分間あたりに進む道のり
秒速：1秒間あたりに進む道のり
「時速60km」「分速100m」「秒速10m」などと表します。

このACTIVITYの背景にある数学的な内容

　子どもたちは、日常生活において、人の走る速さや乗り物が移動する速さなどを、速い、遅いなどと表現してとらえて表現する経験をしています。速さを異なった（異種の）2つの量の割合として表すには、移動する道のり（長さ）と、移動にかかる時間という2つの異種の量が必要となります。さらに、速さは、単位時間当たりに移動する道のりととらえると

　　（速さ）＝（道のり）÷（時間）　　として表すことができます。

　このようにとらえると、速さは、速いほど大きな数値が対応することになります。
　たとえば、チーターは、100mを3.6秒で走ります。速さはおよそ秒速27.8mですが、ライオンは100mを4.5秒で走るので、速さはおよそ秒速22.2mになり、チーターのほうが速いことがわかります。
　一方、オリンピックなどは、100mを何秒で

> 数学の定義
> 速さを数値で比べることができる。
> （速さ）＝（道のり）÷（時間）
> （道のり）＝（速さ）×（時間）
> （時間）＝（道のり）÷（速さ）

走るかで速さを競いますから、3.6秒と5.1秒を比べて、小さい数値ほど速いことになります。ちなみに、新幹線のぞみは、100mを約1.2秒で走ります。

（速さ）＝（道のり）÷（時間）を変形すると、
（道のり）＝（速さ）×（時間）、（時間）＝（道のり）÷（速さ）となり、速さと時間から道のりを求めたり、道のりと速さから時間を求めたりすることもできます。
　このように、3つの数量の関係を理解し、使えるようになりましょう。

問2　ダチョウは180mを8秒で走ります。ダチョウの走る速さは時速何kmですか。

問3　ウサギは秒速19mで走ります。このとき、10分間に何km進みますか。

問4　チーター、ダチョウ、人の中でどの動物が一番速いか、いろいろと表してみましょう。

•解 説

●瞬間の速さと平均の速さ

　ここで考えてきたのは平均の速さといいます。しかし、いつもこの速さで走っているわけではありません。

　もう一つ、瞬間の速さがあります。その時々の速さで、瞬間の速さは一定ではありません。

●いろいろな速さの表し方

　速さは、ふつう時速、分速、秒速で表しますが、船では、ノットや気象の風速などの表し方があります。

　1ノットは、1時間に1海里（1852m）進む速さです。

　風速は、地上約10mの高さにおける、10分間の平均風速を表します。

```
時間＝日常生活と同じ       1海里＝1852m
距離＝海里                 1ノット＝1時間に1海里進む速さ
速さ＝ノット
```

吹き流しの読み方

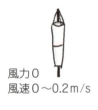
風力0
風速0〜0.2m/s

風力1
風速0.3〜1.5m/s

風力2
風速1.6〜3.3m/s

風力3
風速3.4〜5.4m/s

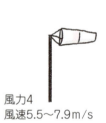
風力4
風速5.5〜7.9m/s

幼児期の経験から小学校の学びへ

幼児期の経験

【ねらい】
速さを実際に見たり、グラフ（絵）などで比べたりすることを楽しむ。

【体験する数量・図形】
★速さの体験を「速いね」、「遅いね」、「ゆっくりだね」などの言葉で表す。
★速さの違いに気づく。
★単位あたりの大きさ

小学5年生
★平均の意味と考え方、単位あたりの大きさの比較の意味と考え方

平成33年からは小学5年生になります。
移行期で、平成31年度から5年生です。

小学6年生
★速さ

➡ 応用問題（異種の量の割合）p.104

Autumn 02

運動会がありました

`数詞` `命数法`

運動会は園で行われる大きな行事です。遊びのなかで体験してきたことを保護者や地域の人と一緒に体を使って楽しみながら、いままでに経験してきたことを振り返ったり、披露したりしていきます。運動会のかけっこでは、速さを競い、1番、2番……と順位をつけますね。かけっこ以外の競技でも、子どもたちが数や形に触れる場面が数多くあります。

第2部 保育者にかかわる数・量・形【園の生活に見られる数学】

問1 運動会ではいろいろな種目や演技がありますね。そのなかで、数や形を使う場面を考えてみましょう。

種目や演技	数や形を使う場面
玉入れ	玉の数の比較

67

ACTIVITY
「玉入れ」をしてみよう

準備するもの 「玉入れ」の道具（かご、たま）

①みんなで「玉入れ」をやってみましょう。
　※体育館、運動場などで実際に行うか、教室で紙玉などを使って模擬的に行う。
　※〈紙玉の作り方〉小さめのレジ袋に新聞紙を丸めて入れる。風船をしばるように袋の口を結ぶ。
②入った玉の個数を数えます。このとき、先生と子どもたちが一緒に数えますね。では、その数え方を下の表に書いてみましょう。

玉の数	1	2	3	4	5	6	7	8	9	10
数え方										

玉の数	11	12	13	14	15	16	17	18	19	20
数え方										

③グループで、各自が考えた「数え方」を比べてみましょう。
　●違う種類の「数え方」があるでしょう。
　●同じ数でも違う「数え方」がありますね。
　●みんな同じ場合は、ほかの「数え方」がないか考えてみましょう。
④先生が玉の数を数えるかけ声をかけるとき、どんなことに気をつけなければならないでしょう。

　かつて、「日本の算数はお風呂からはじまる」と言われたことがあります。お風呂で「百まで数えて温まりましょう」と言われて、子どもたちが湯船の中で数を唱えることがあったからです。
　このように**数を唱えること（数唱）**を、子どもたちは生活のいろいろな場面で身につけています。気をつけなくてはいけないことは、数唱ができることは、大きさなどの数の概念を理解していることとはかならずしも同じではないということです。

この **ACTIVITY** の背景にある数学的な内容

　数を書き表すときに数字を用いるのに対し、数を読むときに用いるのが**数詞**です。日本語には、次の二通りの数詞があります。

　漢語をもとにした「いち、に、さん、し、ご、ろく、しち、はち、く、じゅう…」
　和語をもとにした「ひ、ふ、み、よ、いつ、む、なな、や、ここ、とお…」

　「玉入れ」で入った玉の数を数えるときに、「ひとつ、ふたつ、みっつ、よっつ、いつつ、むっつ、ななつ、やっつ、ここのつ」と数えるのは、和語をもとにした数詞に、助数詞の「つ」がついた数え方です。この数え方では、次の「とお」には、「つ」をつけず、11以上は、漢語をもとにした数詞を使います。しかし、場合によって、たとえば「47」を「しじゅうしち」とも「よんじゅうなな」とも言うように、併用されている場合もあります。

　また、11以上の数詞は、個々に新しい数詞を当てるのではなく、数をまとめて表し、それまでに出てきた数詞を組み合わせて表します。この仕組みを**命数法**といい、日本語では、

　じゅういち、じゅうに、…、にじゅう、にじゅういち、…

というように、「10」のまとまりをもとにした**十進法**による命数法が用いられます。これは、数を書き表す仕組みである**十進位取り記数法**と一致するので、わかりやすいものとなっています。

　命数法は各国の言語によって異なるので、外国語では日本語と比較してわかりにくいものもあります。

問2　10より大きい数で、次のような熟語で和語をもとにした数詞を使う場合があります。読みを調べてみましょう。

二十歳　→　「にじゅっさい」ではなく　→　（　　　　　　　　　　　　）

三十日　→　「さんじゅうにち」ではなく　→　（　　　　　　　　　　　）

八百万　→　「はっぴゃくまん」ではなく　→　（　　　　　　　　　　　）

問3　11から20までの外国語の数詞を調べてみましょう。比較するとどんなことがわかりますか。

数	日本語	英語	フランス語
11	十一		
12	十二		
13	十三		
14	十四		
15	十五		
16	十六		
17	十七		
18	十八		
19	十九		
20	二十		

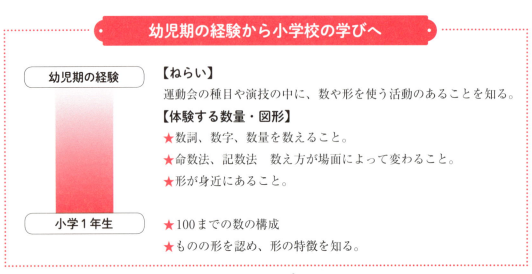

応用問題（命数法と記数法）p.90〜91

Autumn 03

みかん狩りに行きました

`量の比較` `測定`

　みかん狩りに行きました。たくさん採れたのでジュースを作り、おやつの時間に子どもたちと飲むことにしました。子どもたちはミク先生の「自分のコップ、持っておいで」という声を聞き、自分のコップを持ってきました。すると、一人の子どもが「ゆたかくんのコップは大きいからずるい」と言い出しました。ミク先生はどう対応したらよいのでしょう。

第2部　保育者にかかわる数・量・形【園の生活に見られる数学】

問1　次の量の大小の比べ方を説明しましょう。

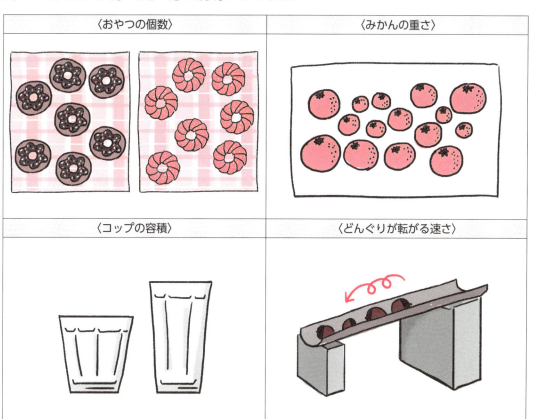

数を数えて比べられる量、手に取って比べられる量、目に見える量など、身のまわりにはいろいろな種類の量があります。また、その量の大きさを測る道具にもいろいろな物があります。

ACTIVITY
手のひらの大きさを比べよう!

準備するもの 鉛筆、方眼紙、はさみ

①友達と、手のひらの大きさを比べましょう。どちらのほうが、「どれだけ」大きかったかを、言葉で伝えましょう。

②手のひらの大きさを「数」で表し、グループで、手のひらの大きさ比べをしましょう。

1cm

このACTIVITYの背景にある数学的な内容

量は、次のような仕方で比べることができます。

直接比較	例：2本の鉛筆の一方の端をそろえて長さを比べる。
間接比較	例：絵本の縦と横の長さを、紙テープを媒介して比べる。
任意単位による測定	例：机の縦と横の長さは、鉛筆の長さの3本分と5本分。
普遍単位による測定	例：東京タワーとエッフェル塔の高さは、それぞれ333mと324m。

身のまわりには、人数、長さ、重さ、濃度、速さなど、いろいろな量があります。これらの量は、次の観点から分類することができます。

量	A：離散量：これ以上分割できない最小の量がある。自然数で表される。（例：人数）	
	B：連続量：最小量がない。自然数だけでなく分数や無理数も含む数（実数）で表される。（例：長さ、重さ、濃度、速さ）	B-1：外延量：たし合わせることができる量。（例：長さ、重さ）
		B-2：内包量：たし合わせることができない量。（例：濃度、速さ）

【量の分類】

単位をもとにして測定すると、量の大小を数値の大小で比べることができます。

問2　上の【量の分類】にしたがって、次の量を分類しましょう。

個数、面積、体積（かさ）、時間、角度、温度

ほかの身のまわりの量についても考えてみよう！

問1に関連して…「量の保存」
　心理学者ピアジェ（Piaget,J）は、「量の保存」の認識は次の段階を経ることを実験で示しました。
●第1段階　保存の認識がない段階
　水の高さだけを見て、量が増えたと感じる。高さとコップの幅（直径）という2つの状態を一度に認識できない。
●第2段階　保存の認識が部分的に認められる段階
　水の高さとコップの幅を見て、量の大きさについて葛藤する。
●第3段階　保存の認識が完全な段階
　水の量が等しいことを、論理的に説明できる。可逆性（もとの容器に注ぎ返したときの状態）に対する心的操作ができることが、保存を認識するための前提となる。
（参考：R.W. コープランド、佐藤俊太郎訳（1976）『ピアジェを算数教育にどう生かすか』明治図書）

問3 いもほりの場面で、「このいも、すごく大きい！」という子どもの声が聞こえます。

量の比較に関心を持たせるために、あなたは、子どもたちにどう言葉がけをしますか。また、環境として、何を準備するとよいでしょうか。

言葉がけ	
環境・道具	

幼児期の経験から小学校の学びへ

幼児期の経験

【ねらい】
みかん狩りやいもほりなどを通して、大きさにまつわる量や、量の比較に関心をもつ。

【体験する数量・図形】
★いもほりの場合、いもの大きさを、先から先までの長さで比べる、重さで比べる、太さ（周の長さ）で比べるなど、いろいろな仕方で比べる。
★比べた結果で、いもの大きさの大小を判断したり、大きさの順位をつけたりする。

小学1～3年生
★長さ、面積、体積、重さ、時間、直接比較、測定、量の単位

小学4～6年生
★角の大きさ、面積や体積の測定、単位量当たりの大きさ（人口密度、速さ）、メートル法

→ 応用問題（単位の換算）p.100

第2部 保育者にかかわる数・量・形【園の生活に見られる数学】

Winter 01
おやつを分けました

わり算

アイ先生は、遊びや生活のなかでさまざまな体験をしてきた子どもたちに、おやつの時間、ちょっと難しい場面を準備してみました。

1グループ5人の子どもたちに、「相談して分けあってください」と伝えながら、2枚ずつ小袋に入ったせんべいを8袋渡したのです。

そして、子どもの様子を見守ることにしました。

ACTIVITY
おやつを分けてみよう

準備するもの	2枚ずつ小袋に入ったせんべいを8袋×グループ数 ※5人のグループに分かれ、1グループにつき8袋配っておく。

問1 各グループで、おやつを分けてみましょう。子どもたちなら、どのようにおやつを分けるか、下に文章か絵でかいてみてください。

問2 1枚のせんべいを2人に分けるとき、子どもたちならどのような分け方をするでしょうか。

問3 3人でまんじゅう12個を同じように分ける場面を考えます。1つずつ配っていくと、何個分かをもらえます。このおやつを分ける様子を、絵などで説明しましょう。

問4 おやつが12個あるとき、3個ずつ分けたら何人に分けられますか？ このおやつを分ける様子を、絵などで説明しましょう。

問5 ものを分けるとき、12÷3となるような場面のお話をつくってください。

このACTIVITYの背景にある数学的な内容

　親しい友達とお菓子を分けあったり、食事の配膳をしたりする作業を「配分行動」といいます。

　トランプを1枚ずつ配るときのような仕草を「数巡方略」、何枚かを一緒にして配る仕草を「ユニット方略」といったりします。

　たとえば、下の図にあるように、6÷2の意味としては、二人に（同じ数ずつ）分ける場合（等分除、数巡方略）と6個のあめを一人に2個ずつ分ける場合（包含除、ユニット方略）があります。

　かけ算3×2は、一人の子どもが3個のあめを持っていて、二人いると、全部で6個のあめがあることを意味しています。

数学の定義

　かけ算と2つのわり算は、次のようにまとめることができます。
- **かけ算**は、もとになる数量がいくつ分かあったときに、全体の量を求める場合です。
- **わり算**の一つの**等分除**は、ある数量を等分したときにできる一つ分の大きさを求める場合（**数巡方略**、「○つに分けて」）となります。
- **わり算**のもう一つの**包含除**は、ある数量がもう一方の数量のいくつ分であるかを求める場合（**ユニット方略**、「○個ずつ分けて」）になります。

6÷2の場合

		もとにする数量（一つ分）	いくつ分	全体の数量	式
かけ算		3個	二人	?	3×2
わり算	等分除 数巡方略	?	二人	6個	6÷2
	包含除 ユニット方略	2個	?	6個	6÷2

6÷2とは？

6個のお菓子を

等分除、数巡方略

二人に分ける。6÷2＝3

2個ずつ分ける。6÷2＝3

包含除、ユニット方略

問6 実習やボランティアで園に行ったとき、実際に配分行動を見かけたことはありますか。ある人は、その様子を書いてみて、グループの人と発表し合いましょう。

分けながら子どもがどのように言うかを注意して聞くと、算数への発展へのよい言葉が沢山あります。たとえば、3つに分ける、2つずつ、同じ、少ない、余った、足りない、半分にする、一つずつ、など。これに対して、保育者は次のような言葉がけをしたいものです。3等分だね、2つずつ分けるのだね、同じになったね、少ないかな、余ったね、足りないね、同じだけ半分ずつだね、一つずつ一緒だね。

幼児期の経験から小学校の学びへ

幼児期の経験

【ねらい】
おやつを分けることを通じて、友達と一緒に分け方を工夫したり、楽しんだりする。

【体験する数量・図形】
★離散量や連続量でも分けられる。
★何人でも分けられる。

小学1年生

★同じ数ずつ。わり算の素地学習

小学3年生

★わり算（等分除、包含除）

➡ 応用問題（商と余り）p.91

Winter 02
すごろくを楽しみました

立体とその展開図

　お正月、家族と一緒にすごろくで遊んだ子どもが、「先生、みんなですごろくして遊びたい」と言ってきました。リナ先生は、数人で簡単に遊ぶことができるすごろくを作ることにしました。

　さて、コマとサイコロはどのように作ろうか…。コマは子どもでも作れるように、身近な紙を使い、1〜2回折って、立つものを作ります。また、サイコロは、先生が展開図を作っておいて、子どもはそれを切り取り、のりで貼り合わせることにしました。

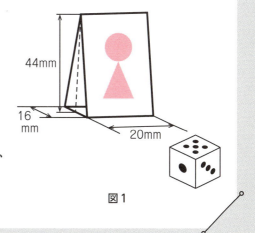

図1

問1 図1で、コマは高さが44mm、底辺の長方形は20mm（絵のあるほう）×16mmです。

（1）コマの絵が描いてある部分の長方形の長いほうの辺の長さはいくらでしょうか。根号を用いて表しなさい。

（2）下の図は、その型紙を作ったものです。□のところに寸法を入れてみましょう。また、図1のようなコマになるように、絵のように●と▲も記入しましょう。
　なお、折り目は点線で示してあります。

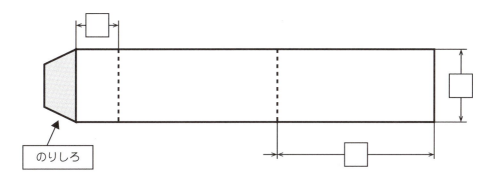

79

• 解 説

コマの側面の長さは、直角三角形の3辺の長さの間に成り立つ。
次の三平方の定理を使って求めます。

〈三平方の定理〉
左の図の直角三角形ＡＢＣで、 $c^2 = a^2 + b^2$ が成り立つ。

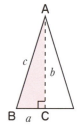

子どもと一緒にコマに人や動物の絵を描くと楽しいですね。

問2 図1のコマの強度を強くするために、図2のように、側面（三角形）を埋めたものを作ります。問1の型紙に不足している部分を描き足しているところです。

（1）下の図の点Ｐはどのようにして取ったのでしょうか。説明してください。

図2

（2）もう一方の側面を描き加え、コマの型紙を完成してください。

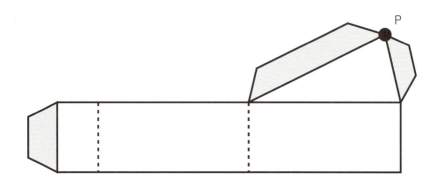

●解説

三平方の定理を使うと、無理数の長さをもつ線分を作図することができます。

たとえば、$20\sqrt{5}$ は、次の図ように、直角をはさむ二辺の長さが20と40の直角三角形の斜辺として作図できます。

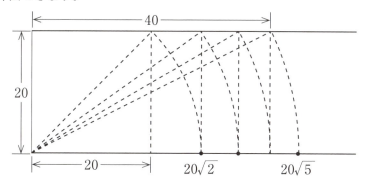

ACTIVITY
サイコロを作ってみよう

準備するもの 定規

サイコロは、向かい合う面に描かれた目の和は7になっています。

図3は、このルールに従って、立方体の展開図にサイコロの目を入れたものです。図4も立方体の展開図です。

図3と同じ目の配置になるようにするには、4と5の目はどこに入れるといいでしょうか。見取図を描いて話し合ってみましょう。

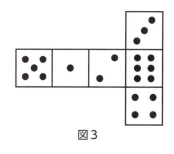

図3

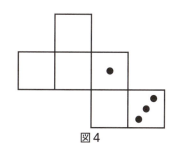

図4

目が2、3、6の目を入れるには、目の向きまで考える必要がありますね。実際に図3のサイコロを作って調べてみましょう。

この ACTIVITY の背景にある数学的な内容

立方体の展開図は、全部で11種類あります。
その基本となるのは、右のT字型の展開図です。

●解説

立方体の展開図は、11種類ありますが、まず、T字型の展開図で、二つの底面の正方形を移動したとみなせるのが6種類（以下、T字型展開図という）あります。

残りの5種類については、先のT字型展開図のどこかを切って、90度回転させたものになっています。

問3 下の①〜⑫の図形のうち、立方体の展開図でないものを3つ選びなさい。

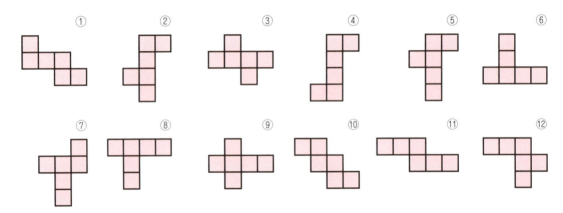

問4 次の3つのサイコロは、すべて図3の展開図を組み立てて作り、互いに接する面が同じ目になるように並べたものです。図中の①、②、③の面にある目を書き入れてください。また、実際にサイコロを作って確かめましょう。

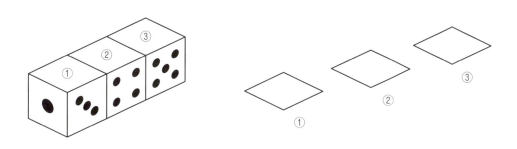

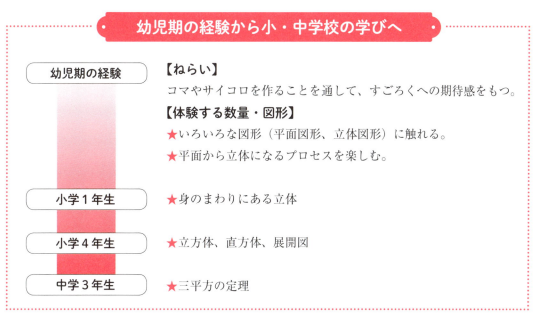

幼児期の経験から小・中学校の学びへ

幼児期の経験
【ねらい】
コマやサイコロを作ることを通して、すごろくへの期待感をもつ。
【体験する数量・図形】
★いろいろな図形（平面図形、立体図形）に触れる。
★平面から立体になるプロセスを楽しむ。

小学1年生
★身のまわりにある立体

小学4年生
★立方体、直方体、展開図

中学3年生
★三平方の定理

→ 応用問題（立体の見取図と展開図） p.123

Winter 03
牛乳パックで家を作りました

個数の処理、投影図

園の行事で、園児と保護者とともに牛乳パックで家を作ることになりました。そこで、ユウカ先生は、子どもたちと相談し、1Lの牛乳パックを650個集めることにしました。

子どもたちは、毎日、自宅や親戚の家から牛乳パックを持ってきます。ユウカ先生は、その都度、牛乳パックの上部に切り目を入れ、子どもたちと一緒に、中に新聞紙を入れて、高さが19cmの直方体の形に加工します。

先生は、牛乳パックが650個集まったことがわかるようにするには、どのように並べるとよいか考えはじめました。

問1 集まった牛乳パックは、図1のように壁にそって積み上げることにしました。

次の図は、牛乳パックを積んでいく様子を示しています。

    ……

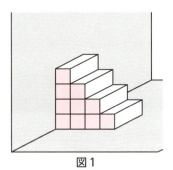

図1

最初に1個、次は2段にして3個積めます。その次は、3段にして6個積めます。こうして、積み続けていきます。ただし、次の段の積み方に移るときは、一番下から斜め上の方向に1個ずつ増やしていきます。

7段にしたとき、牛乳パックは何個積めるでしょうか。右に図を書いて考えてみましょう。

ACTIVITY
牛乳パックを積んでみよう

準備するもの　ものさし、定規、牛乳パック

①直方体に加工した牛乳パックの高さと底面の正方形の一辺の長さはおよそ何 cm ですか。

②積み上げられた牛乳パックの総数の数え方を工夫しましょう。
　次の図は、牛乳パックを積んでいる状態を、底面の □ だけを使って描き、そこに □ と同数の □ を補って、長方形状にしたものです。

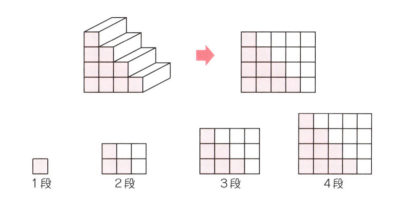

　5段積んだ状態の長方形状の図はどのようになりますか。
右の方眼用紙に □ と □ をかき入れなさい。
　正方形 □ と □ の数は全部で何個になっていますか。
　そのうち、□ の総数は何個ですか。

③②で調べた考え方を使うと、□ の総数は次のようになります。
　2段積んだとき、　2×3÷2（個）　　3段積んだとき、3×4÷2（個）
　4段積んだとき、　4×5÷2（個）　　5段積んだとき、5×6÷2（個）
　では、7段積んだときの □ の総数は、どのような計算式で求められますか。

④③で考えたことから、10段積んだ状態を考えると、□ と □ の総数は、10×11＝110個となります。

したがって、□ の数は、55個です。

この考えを n 段積んだ状態に発展させると、右の図のように、□ と □ の総数は、

　　$n \times (n+1)$ 個

になります。したがって、□ の個数は、$\dfrac{n(n+1)}{2}$ 個です。

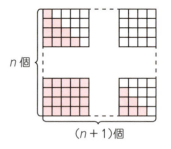

この式を使うと、650個の牛乳パックを積み上げたとすると、一番高いところは何段になるでしょうか。n に整数を入れて、探してみましょう。

また、このとき、一番上の牛乳パックまでの高さは、およそ何 cm になりますか。

650個の牛乳パックを積むことができたとすると、相当な高さになりますね。子どもの身長等を考えると、12〜13段が限度で80個程度の山に分けるといいですね。このとき、一番下に並ぶ牛乳パックに必要な広さも考えなければなりません。

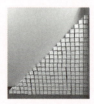

このACTIVITYの背景にある数学的な内容

積み上げた牛乳パックの個数を直接計算していくと、次のようになります。

1段	2段	3段	4段	n 段
1個	(1＋2)個	(1＋2＋3)個	(1＋2＋3＋4)個	(1＋2＋3＋4＋…＋n)個

つまり、n 段積んだときのパックの総数は1から n までの総和となり、④で考えたことから、次の式が成り立ちます。

$$1 + 2 + 3 + \cdots + n = \dfrac{n(n+1)}{2}$$

問2 1から24までの和を求めてみましょう。

問3 牛乳パックを使って、右の図に示すような家を作ることにしました。

ただし、平面図は真上から見た図、立面図は真正面から見た図、側面図は、真横から見た図です。

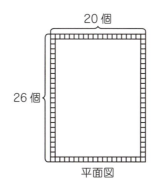
20個
26個
平面図

（1）この家の高さは、およそ何cmでしょうか。

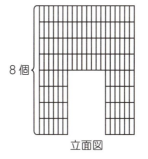
8個
立面図

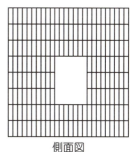
側面図

（2）この家をつくるのに必要な牛乳パックの個数を求めてみましょう。

この家の中の広さは、約3.2m³（1辺が1mの立方体4つ分）です。子どもにとってはとても大きく感じるもので、立体の量感を味わわせることができます。また、牛乳パックの上部にあらかじめ切り目を入れておいて、それを直方体にする作業を子どもにさせることによって、立体への興味を引き出すこともできます。

幼児期の経験から小学校の学びへ

幼児期の経験

【ねらい】
牛乳パックを使って友達と一緒に家を作ることを楽しむ。

【体験する数量・図形】
★立方体、直方体
★長さ、広さ、かさなどの量についての感覚を身につける。

小学1年生 ★量

小学4年生 ★立方体・直方体

→ 応用問題（規則を見つける） p.133

第**3**部

採用試験対策にも役立つ
問題集

解答は次のURLからダウンロードできます。
houbun.com/appendix/278

基本的な計算

1. 命数法と記数法

　数詞（いち、に、さん、し、……）を使って、たとえば、「にひゃくごじゅうろく」というように数を言葉で表す方法を「命数法」といいます。これに対し、数字（1、2、3、4、……）を使って、数を「256」と表す方法を「記数法」といいます。

　日本語の命数法は、「いち、に、さん、……、く」という数詞と「十、百、千、万……」というまとめた大きさを表す数詞との間で、次のようになっています。

　たとえば、2567は、

$$\underset{に×「千」}{2} + \underset{ご×「百」}{5} + \underset{ろく×「十」}{6} + \underset{しち}{7}$$

と読みますが、これはあとで述べる「十進位取り記数法」と命数法が一致していることになります。

❖ 位取り記数法 ❖

　10ずつまとめて、1つ上の位に上げていく数の表し方を「十進法」といいます。また、数字を並べてかくとき、その位置によって大きさを表すきまりのことを「位取りの原理」といいます。

　さらに、十進法と位取りの原理によって、0から9の10個の数字を使って数を表す方法のことを十進位取り記数法といい、この方法によって表された数を十進数ということがあります。

　たとえば4321は、
　$4 \times 10^3 + 3 \times 10^2 + 2 \times 10^1 + 1 \times 10^0$ の意味で、
　　4千　　　3百　　　2十　　1　　（ヨンセン　サンビャク　ニジュウ　イチ）
と読んでいます（なお、$\square^0 = 1$ と約束します）。

　これに対して、二進位取り記数法や五進位取り記数法などがあります。二進位取り記数法は、0と1の数字を使って、2ごとに繰り上がる記数法で、$2^0、2^1、2^2、2^3、…$ と位が上がります。

　たとえば、二進位取り記数法で表された11011は、
　$1 \times 2^4 + 1 \times 2^3 + 0 \times 2^2 + 1 \times 2^1 + 1 \times 2^0$
のことで、これを計算すると、$16 + 8 + 2 + 1 = 27$ となるので、この数は十進位取り記数法の27を表しています。

第3部

採用試験対策にも役立つ問題集

例1-1　二進法を十進法で表す

二進法の11は、$1 \times 2^1 + 1 \times 2^0$のことだから、十進法で表すと3。

問1　二進法で、101と表された数を、十進法で表しなさい。

十進法で表された数を、二進法で表すには、二進法の位取り、

1、2、4、8、16、32、64、…

を考えながら、どの位に1と0が入るかを調べます。

例1-2　十進法を二進法で表す

十進法で表された数25を二進法で表すと、
右の表から、11001となる。

	16の位	8の位	4の位	2の位	1の位
25	1	1	0	0	1

25＝　16　＋　8　　　　　＋　1

問2　十進法で表された数35を、二進法で表しなさい。

---

2. 約数と倍数

❖ 商と余り ❖

ある数aをbで割ると、商がqで余りがrであったとき、
次の式が成り立ちます。

$a = bq + r \ (r < q)$

$$b \overline{)\ \begin{array}{c} q \\ a \\ bq \end{array}}$$
$$a - bq \ \blacktriangleright \ r \ (r < q)$$

例2-1　商と余りを使って

19を3で割ると、商が6で余りが1だから、$19 = 3 \times 6 + 1$

問1　ある数を8で割ったら商が5で余りが3でした。ある数を求めなさい。

問2　ある数を24で割ると余りが16でした。この数を6で割ると余りはいくらですか。

❖ 約数と倍数 ❖

ある整数を割りきることのできる整数をある数の約数といいます。また、ある整数を整数倍した数をある整数の倍数といいます。

ただし、約数や倍数は正の数だけを考えることにします。

例2-2　24の約数と倍数

24の約数は、1、2、3、4、6、8、12、24の8個

24の倍数は、24、48、72、96、120、…（無数にある）

91

問3　64の約数をすべてかき上げなさい。

問4　$(x-3)(y-1)=3$ を満たす整数 x、y の組をすべて求めなさい。

❖ 公約数と最大公約数 ❖

　2つの整数に共通な約数を公約数といい、そのうち、最も大きいものを最大公約数といいます。

例2-3　84と90の公約数と最大公約数

　　84の約数は、①、②、③、4、⑥、7、12、14、21、28、42、84
　　90の約数は、①、②、③、5、⑥、9、10、15、18、30、45、90
　　したがって、公約数（○印）は、1、2、3、6　で、最大公約数は6

問5　12と32の公約数をすべて求めなさい。また、最大公約数を求めなさい。

　2つの数の最大公約数は、それぞれの約数を並べてかき上げなくても、共通に割り切れるものがあるまで、割り続けることによって求めることができます。

例2-4　84と90の最大公約数

　　右のように共通に割れるところまで続けると、最大公約数は、$2 \times 3 = 6$

```
2) 84  90
3) 42  45
   14  15
```

問6　120と36の最大公約数を求めなさい。

❖ 公倍数と最小公倍数 ❖

　2つの整数に共通な倍数を公倍数といい、そのうち、最も小さいものを最小公倍数といいます。

例2-5　8と6の公倍数と最小公倍数

　　6の倍数は、6、12、18、24、30、36、42、48、…
　　8の倍数は、8、16、24、32、40、48、…
　　したがって、公倍数は、24、48、…で、最小公倍数は24。

問7　14と21の最小公倍数を求めなさい。

❖ 最大公約数と最小公倍数の関係 ❖

　例2-4で、84と90の最大公約数は6でした。したがって、$84 = 6 \times 14$、$90 = 6 \times 15$ となります。

また、84と90の公倍数は、$6 \times 14 \times 15 \times \square$ の形をしています。したがって、84と90の最小公倍数は $6 \times 14 \times 15 = 1260$ となります。

一般に、2つの数A、Bがあって、

A、Bの最大公約数をG、最小公倍数をL、

AとBをそれぞれGで割った商を a、b（a と b は1以外の公約数がない）とすると、

$$A = Ga、\quad B = Gb、\quad L = Gab$$

となります。

$$\begin{array}{c|cc} G & A & B \\ \hline & a & b \end{array}$$

例2-6　2つの数24と32の最大公約数

右の図のように共通の約数があるまで割り続ける。

最大公約数は、　$4 \times 2 = 8$、

最小公倍数は、　$(4 \times 2) \times 3 \times 4 = 96$。

$$\begin{array}{r|rr} 4) & 24 & 32 \\ 2) & 6 & 8 \\ \hline & 3 & 4 \end{array}$$

問8　2つの数、264と180の最大公約数と最小公倍数を求めなさい。

問9　次の（1）〜（3）に答えなさい。

（1）縦12cm、横32cm 長方形の紙があります。この紙を、余らないように、同じ大きさの最も大きい正方形に切り分けるとき、正方形の1辺の長さはいくらですか。

（2）あめが48個、クッキーが36個あります。余らないように、できるだけ多くの子どもにそれぞれ同じ個数を配るとき、何人の子どもに、それぞれ何個ずつ配れますか。

（3）縦が6cm、横が8cmのタイルをすきまなく並べて最も小さい正方形を作るとき、その正方形の1辺の長さは何cmですか。

❖ 素因数分解 ❖

その数自身と1以外に約数をもたない数を、素数といいます。ただし、1は素数には含めません。

素数を小さいものから並べると、2、3、5、7、11、13、…となります。

ある数を素数の積で表すことを素因数分解といいます。

例2-7　90の素因数分解

$$90 = 9 \times 10 = 3^2 \times 2 \times 5 = 2 \times 3^2 \times 5$$

$$\begin{array}{r|r} 2) & 90 \\ 3) & 45 \\ 3) & 15 \\ \hline & 5 \end{array}$$

問10　240を素因数分解しなさい。

3. 分数

❖ 仮分数と帯分数 ❖

$\dfrac{1}{4}$ のように分母より分子の方が小さい分数を真分数といい、$\dfrac{13}{4}$ のように分母より分子の方が大きい分数を仮分数といいます。

仮分数は、分子を分母で割った商と余りを計算することで、整数と真分数の和で表すことができます。

例3-1　仮分数を帯分数で表す

仮分数 $\dfrac{13}{4}$ は、

$13 \div 4$ を計算すると、商が3、余りが1だから、

$$\dfrac{13}{4} = 3 + \dfrac{1}{4} = 3\dfrac{1}{4}$$

（整数と真分数の和の形になった分数を、**帯分数**といいます。）

問1　次の仮分数を帯分数で、帯分数を仮分数で表しなさい。

（1）$\dfrac{17}{3}$　　（2）$2\dfrac{3}{5}$

❖ 分数の加減 ❖

分数の加法、減法は、分母をそろえて（通分して）分子の計算をします。分母をそろえるには、それぞれの分母の最小公倍数を求めます。

なお、帯分数は、整数部分と分数部分に分けて計算するか、仮分数に直してから計算します。

例3-2　$\dfrac{5}{8} + \dfrac{3}{10}$ の計算

8と10の最小公倍数は40だから、次のように計算できます。

$$\dfrac{5}{8} + \dfrac{3}{10} = \dfrac{5 \times 5}{40} + \dfrac{3 \times 4}{40} = \dfrac{37}{40}$$

例3-3　$1\dfrac{1}{2} + \dfrac{1}{3}$ の計算

$$1\dfrac{1}{2} + \dfrac{1}{3} = \dfrac{3}{2} + \dfrac{1}{3} = \dfrac{3 \times 3}{6} + \dfrac{1 \times 2}{6} = \dfrac{11}{6}\left(= 1\dfrac{5}{6}\right)$$

または、

$$1 + \dfrac{1}{2} + \dfrac{1}{3} = 1 + \dfrac{1 \times 3}{6} + \dfrac{1 \times 2}{6} = 1 + \dfrac{5}{6} = 1\dfrac{5}{6}$$

第**3**部

採用試験対策にも役立つ問題集

問2　次の計算をしなさい。

（1）$\dfrac{1}{4}+\dfrac{2}{3}$　　（2）$\dfrac{3}{4}+\dfrac{1}{6}$　　（3）$\dfrac{13}{5}-\dfrac{7}{4}$　　（4）$1\dfrac{1}{3}+\dfrac{5}{6}$

❖ 分数の乗除 ❖

分数の乗法（かけ算）、除法（わり算）は、分母同士と分子同士をそれぞれかけたり割ったりします。

たとえば、$\dfrac{2}{3}\times\dfrac{4}{5}=\dfrac{2\times4}{3\times5}=\dfrac{8}{15}$ 、$\dfrac{5}{8}\div\dfrac{1}{4}=\dfrac{5\div1}{8\div4}=\dfrac{5}{2}$ とできます。

分数の除法で、分母同士あるいは分子同士で割れないときは、割る数の分母と分子の最小公倍数を、割られる数の分母と分子にかけて、割れるようにします。

たとえば、$\dfrac{5}{8}\div\dfrac{2}{3}$ は、割る数の分母と分子の最小公倍数6を割られる数の分母と分子にかけて、

$$\dfrac{5}{8}\div\dfrac{2}{3}=\dfrac{5\times6}{8\times6}\div\dfrac{2}{3}=\dfrac{5\times6\div2}{8\times6\div3}=\dfrac{15}{16}$$

とすることができます。

このことは、

$$\dfrac{5}{8}\div\dfrac{2}{3}=\dfrac{5\times6}{8\times6}\div\dfrac{2}{3}=\dfrac{5\times6\div2}{8\times6\div3}=\boxed{\dfrac{5\times3}{8\times2}}=\dfrac{15}{16}$$

となるので、除法は、割る数を逆数にしてかけ合わせて計算すればよいことになります。

なお、帯分数は仮分数に直して、整数は分母が1と考えて計算します。

例3-4　分数の乗法

$$\dfrac{2}{3}\times4=\dfrac{2}{3}\times\dfrac{4}{1}=\dfrac{8}{3}=2\dfrac{2}{3}$$

$$\dfrac{4}{5}\times\dfrac{3}{7}=\dfrac{4\times3}{5\times7}=\dfrac{12}{35}$$

$$\dfrac{3}{5}\times2\dfrac{2}{3}=\dfrac{3}{5}\times\dfrac{8}{3}=\dfrac{8}{5}=1\dfrac{3}{5}$$

例3-5　分数の除法

$$\dfrac{2}{3}\div4=\dfrac{2}{3}\div\dfrac{4}{1}=\dfrac{2}{3}\times\dfrac{1}{4}=\dfrac{1}{6}$$

$$\dfrac{3}{4}\div\dfrac{2}{3}=\dfrac{3}{4}\times\dfrac{3}{2}=\dfrac{9}{8}$$

$$\dfrac{3}{5}\div4\dfrac{1}{2}=\dfrac{3}{5}\div\dfrac{9}{2}=\dfrac{3}{5}\times\dfrac{2}{9}=\dfrac{2}{15}$$

95

問3　次の計算をしなさい。

（1） $\dfrac{2}{3} \times 6$　（2） $\dfrac{3}{4} \times \dfrac{1}{6}$　（3） $\dfrac{3}{5} \times 1\dfrac{1}{6}$　（4） $\dfrac{2}{5} \div 2$　（5） $\dfrac{3}{7} \div \dfrac{6}{21}$

（6） $\dfrac{5}{6} \div 2\dfrac{1}{3}$

❖ 分数の四則演算 ❖

加減乗除の混じった計算は乗除優先で、括弧のついた計算では、括弧内を先に計算します。

例3-6　四則の混じった計算

$$\dfrac{10}{3} + \dfrac{8}{3} \div \dfrac{8}{9} = \dfrac{10}{3} + \dfrac{8}{3} \times \dfrac{9}{8}$$

$$= \dfrac{10}{3} + \dfrac{8 \times 9}{3 \times 8}$$

$$= \dfrac{10}{3} + 3$$

$$= \dfrac{19}{3} \left(= 6\dfrac{1}{3} \right)$$

問4　次の計算をしなさい。

（1） $\dfrac{11}{21} - \dfrac{9}{14} \times \dfrac{1}{3}$　（2） $\dfrac{5}{12} \times \dfrac{2}{3} + \dfrac{5}{18} \div \dfrac{5}{6}$　（3） $\dfrac{7}{4} + \dfrac{7}{6} \times 3 \div \left(\dfrac{1}{3} - \dfrac{5}{6} \right)$

問5　次の計算をしなさい。

（1） $-3^2 \div \left(-\dfrac{3}{5} \right)$　（2） $4 \div 2 \times 5 - 6 \div \left(-\dfrac{2}{3} \right)$

 小数

❖ 小数の加減 ❖

小数点をそろえて計算します。

例4-1　小数の加減

$0.023 + 0.49 = 0.513$　　　　　$0.8 - 0.21 = 0.59$

$$\begin{array}{r} 0.023 \\ +\,0.49 \\ \hline 0.513 \end{array}$$ 　　　$$\begin{array}{r} 0.8 \\ -\,0.21 \\ \hline 0.59 \end{array}$$

問1　次の計算をしなさい。

（1） $0.25 + 0.83$　（2） $2.34 - 0.891$

第**3**部

採用試験対策にも役立つ問題集

❖ 小数と分数の関係① ❖

小数は、10、100、1000、…などを分母にすると簡単に分数で表すことができます。

例4-2　小数を分数で表す

$$0.1 = \frac{1}{10}、\qquad 0.2 = \frac{2}{10} = \frac{1}{5}、\qquad 0.3 = \frac{3}{10}$$

$$0.01 = \frac{1}{100}、\qquad 0.02 = \frac{2}{100} = \frac{1}{50}、\qquad 0.03 = \frac{3}{100}$$

$$0.001 = \frac{1}{1000}、\quad 0.002 = \frac{2}{1000} = \frac{1}{500}、\quad 0.003 = \frac{3}{1000}$$

問2　次の小数を分数で表しなさい。

（1）0.25　　（2）1.85

❖ 小数の乗法 ❖

小数の乗法は、整数の乗法と考えて計算し、その後に小数点の位置を決めます。

例4-3　小数の乗法

0.12×0.2

$= \dfrac{12}{100} \times \dfrac{2}{10}$

$= \dfrac{12 \times 2}{1000}$

$= 0.024$

> 整数の乗法とみて計算し、その後、小数点をずらすとよい。
>
> $$\begin{array}{r} 0.12 \\ \times\ \ 0.2 \\ \hline 0.024 \end{array}$$
> $. \Leftarrow .$（小数点を3つずらす）

問3　次の計算をしなさい。

（1）　0.2×0.8　　（2）　0.05×0.4

❖ 小数の除法 ❖

小数の除法は、除数（割る数）と被除数（割られる数）に同じ数をかけて整数に直し、整数の乗法として計算します。

例4-4　小数の除法

$0.2 \div 0.8$

$= (0.2 \times 10) \div (0.8 \times 10)$

$= 2 \div 8 = 0.25 \left(= \dfrac{1}{4}\right)$

$0.5 \div 0.02$

$= (0.5 \times 100) \div (0.02 \times 100)$

$= 50 \div 2$

$= 25$

$$0.8\overline{)0.2} \ \Rightarrow\ 8\overline{)2} \ \Rightarrow\ \begin{array}{r} 0.25 \\ 8\overline{)2\ 00} \\ \underline{1\ 6} \\ 40 \\ \underline{40} \\ 0 \end{array}$$

97

問4　次の計算をしなさい。
　　（1）0.6 ÷ 0.04　　（2）25 ÷ 1.25

❖ 小数と分数の関係② ❖

　小数点以下の桁数が有限である小数を有限小数といいます。有限小数は例4-2のように分数で表すことができます。小数点以下の桁数が無限である小数を無限小数といいます。

　無限小数の中には、小数点以下の数字が循環するもの（例4-5）と循環しないものがあり、前者を循環小数といいます。

　循環小数は有限小数と同じように分数で表すことができ、これらを有理数といいます。これに対して、循環しない無限小数を無理数といいます。

例4-5　循環小数を分数で表す

$0.333\cdots$（3が無限に続く小数。これを、$0.\dot{3}$とかく）を分数で表す。
$x = 0.\dot{3}$とおくと、$10x = 3.\dot{3}$
$10x - x = 3.\dot{3} - 0.\dot{3}$
$\quad 9x = 3$
$\quad\quad x = \dfrac{1}{3}$
よって、$0.\dot{3} = \dfrac{1}{3}$

$$\begin{array}{r} 10x = 3.\dot{3} \\ -)\ x = 0.\dot{3} \\ \hline 9x = 3 \end{array}$$

問5　次の循環小数を分数で表しなさい。
　　（1）$0.\dot{9}$　　（2）$0.\dot{1}$　　（3）$0.0\dot{2}$

---

5. 平方根

$x^2 = a\ (a \geq 0)$ となる x を a の平方根といいます。
a の平方根は、$\sqrt{a}$ と $-\sqrt{a}$ で、これをまとめて $\pm\sqrt{a}$ とかきます。
記号 $\sqrt{}$ を根号といいます。

例5-1　平方根

　　（1）6の平方根は、$\pm\sqrt{6}$　　（2）0.3の平方根は、$\pm\sqrt{0.3}$

　　（3）$\dfrac{2}{3}$ の平方根は、$\pm\sqrt{\dfrac{2}{3}}$

問1　次の数の平方根を求めなさい。

　　（1）7　　（2）13　　（3）$\dfrac{3}{5}$

第**3**部

根号を使って表された数の中には、根号を使わなくても表すことのできる数があります。

例5-2　根号を使わないで表す数

$$\sqrt{9}=3 \qquad \sqrt{25}=5 \qquad \sqrt{\frac{9}{4}}=\frac{3}{2}$$

問2　次の数を、根号を使わないで表しなさい。

（1）$\sqrt{25}$　　（2）$-\sqrt{36}$　　（3）$\sqrt{0.01}$　　（4）$\sqrt{\frac{81}{16}}$

正の数 a、b について、次の式が成り立ちます。

$$\sqrt{a}\times\sqrt{b}=\sqrt{a\times b}、\quad \sqrt{a}\div\sqrt{b}=\frac{\sqrt{a}}{\sqrt{b}}=\sqrt{\frac{a}{b}}$$

例5-3　根号のついた数の積と商

$$\sqrt{2}\times\sqrt{8}=\sqrt{2\times 8}=\sqrt{16}=4$$

$$\sqrt{28}\div\sqrt{12}=\sqrt{\frac{28}{12}}=\sqrt{\frac{7}{3}}$$

問3　次の計算をしなさい。

（1）$\sqrt{10}\times\sqrt{40}$　　（2）$\sqrt{39}\div\sqrt{3}$

$2\times\sqrt{3}$ を、記号 × を省いて、$2\sqrt{3}$ とかきます。
この $2\sqrt{3}$ は、根号の外の数を根号の中に入れて表すことができます。

例5-4　$\sqrt{a}$ の形にする

$$2\sqrt{3}=2\times\sqrt{3}=\sqrt{2^2}\times\sqrt{3}=\sqrt{2^2\times 3}=\sqrt{12}$$

問4　次の数を変形して、$\sqrt{a}$ の形にしなさい。

（1）$3\sqrt{5}$　　（2）$5\sqrt{2}$　　（3）$\frac{\sqrt{27}}{3}$

上の例5-4とは逆に、根号の中を簡単な数にできるときがあります。

例5-5　根号の中を簡単な数に

（1）$\sqrt{24}=\sqrt{4\times 6}=\sqrt{4}\times\sqrt{6}=2\sqrt{6}$

（2）$\sqrt{\frac{13}{25}}=\frac{\sqrt{13}}{\sqrt{25}}=\frac{\sqrt{13}}{5}$

採用試験対策にも役立つ問題集

99

問5　次の数を変形して、根号の中をできるだけ簡単な数にしなさい。

（1）$\sqrt{32}$　（2）$\sqrt{200}$　（3）$\sqrt{\dfrac{14}{81}}$

　分母に根号を含む数では、分母を有理数にすることができます。これを、分母の有理化といいます。

例5-6　分母の有理化

（1）$\dfrac{\sqrt{2}}{\sqrt{5}} = \dfrac{\sqrt{2} \times \sqrt{5}}{\sqrt{5} \times \sqrt{5}} = \dfrac{\sqrt{10}}{5}$　　（2）$\dfrac{\sqrt{7}}{\sqrt{18}} = \dfrac{\sqrt{7}}{3\sqrt{2}} = \dfrac{\sqrt{7} \times \sqrt{2}}{3\sqrt{2} \times \sqrt{2}} = \dfrac{\sqrt{14}}{6}$

（3）$\dfrac{3\sqrt{2}}{\sqrt{5}-\sqrt{2}} = \dfrac{3\sqrt{2} \times (\sqrt{5}+\sqrt{2})}{(\sqrt{5}-\sqrt{2}) \times (\sqrt{5}+\sqrt{2})}$

$= \dfrac{3\sqrt{2}(\sqrt{5}+\sqrt{2})}{(\sqrt{5})^2 - (\sqrt{2})^2}$

$= \sqrt{2}(\sqrt{5}+\sqrt{2})$

　※（3）は、分母の有理化に、次の公式を使っています。
　　$(a-b)(a+b) = a^2 - b^2$

問6　次の数の分母を有理化しなさい。

（1）$\dfrac{6}{\sqrt{3}}$　（2）$\dfrac{5}{\sqrt{2}-1}$　（3）$\dfrac{\sqrt{3}}{\sqrt{3}+1}$

6. 単位の換算

　長さ、重さ、かさ、面積、容積及び時間の単位の関係は、次のようになっています。

❖ **長さ** ❖　　1kmは、1000m、1mは、100cm、1cmは、10mm

❖ **重さ** ❖　　1tは、1000kg、1kgは、1000g、1gは、1000mg

❖ **面積** ❖　　1km²は、1000000m²、1m²は、10000cm²

❖ **かさ** ❖　　1m³は、1000000cm³、
　　　　　　　1kLは、1000L、1Lは、10dL、
　　　　　　　1dLは、100mL
　　　　　　　1m³は、1000L、1Lは、1000cm³、
　　　　　　　1cm³は、1mL

❖ **時間** ❖　　1日は、24時間、1時間は、60分、1分は、60秒

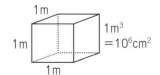

例6-1　単位の換算

（1）40km ＝ 40 × 1000m ＝ 40000m ＝ 40000 × 100cm ＝ 4000000cm

（2）1.3時間 ＝ 1.3 × 60分 ＝ 78分

（3）1000mL ＝ 10dL ＝ 1L

（4）500mg ＝ 0.5g

（5）40分 ＝ $\dfrac{40}{60}$ 時間 ＝ $\dfrac{2}{3}$ 時間

問1　次の量を（　　）内に示した単位に換えなさい。

（1）4.3mm　　　　（cm）　　　（2）5 m　　　　　（cm）　　　（3）450g　　　（kg）

（4）35mg　　　　 （g）　　　 （5）200mL　　　 （L）　　　 （6）50dL　　　（L）

（7）135分　　　　（時間）　　（8）1.2時間　　　（分）　　　（9）1 日　　　（秒）

（10）20000cm^2　（m^2）　　（11）1 L　　　　 （m^3）

7。割合と歩合

✣ 割合 ✣

　ある量をもとにして、比べる量がもとにする量の何倍にあたるかを表した数を割合といいます。

$$割合 ＝ 比べる量 ÷ もとにする量$$

例7-1　割合

　ある講座の定員は20名で、この講座の受講希望者は35人でした。定員をもとにした希望者の割合は、35 ÷ 20 ＝ 1.75です。

　これは、定員を1としたとき、希望者が1.75の大きさにあたることを意味しています。

問1　次の（1）～（3）に答えなさい。

（1）定員80人のところに、120人の受験者がいました。受験者は定員の何倍ですか。

（2）クラブの定員は15人です。希望者は定員の0.8倍あったそうです。希望者は何人でしたか。

（3）クラブの希望者は24人でした。これは定員1.6倍にあたります。クラブの定員は何人ですか。

✣ 百分率 ✣

　割合を表すのに、百分率を使うことがあります。百分率では、割合の0.01を1％とします。また定員の0.6倍のことを、定員の60％ともいいます。

割合を表す小数	1	0.1	0.01	0.001
百分率	100％	10％	1％	0.1％
歩合	10割	1割	1分	1厘

例7-2　割合を表す小数と百分率

　　先の例7-1では、希望者は定員の1.75倍です。これを、希望者は定員の175%ともいいます。百分率は、もとにする量を100にしたときの割合の表し方です。

問2　次の小数は百分率で、百分率は小数で表しなさい。

　　（1）0.3　　（2）0.115　　（3）8%　　（4）150%

❖ 歩合 ❖

　　割合を表す0.1を1割ということもあります。このように表した割合を歩合といいます。歩合では、0.1倍を1割、0.01倍を1分、0.001倍を1厘といいます。

例7-3　割合を表す小数と歩合

　　0.2は2割、0.21は2割1分、0.214は2割1分4厘

問3　次の小数を歩合で表しなさい。

　　（1）0.3　　（2）0.05　　（3）1　　（4）0.375

例7-4　割引き、割増し

　　（1）200円の2割は、$200 \times 0.2 = 40$円
　　（2）100円の3割引きは、$100 - 100 \times 0.3 = 100(1 - 0.3) = 100 \times 0.7 = 70$円
　　（3）300円の1割増しは、$300 + 300 \times 0.1 = 300(1 + 0.1) = 300 \times 1.1 = 330$円

問4　次の数値を求めなさい。

　　（1）2000円の2割引きはいくらですか。
　　（2）バーゲンセールで、30% OFF で1470円とかいてありました。もとの値段はいくらですか。
　　（3）ある品物を900円で仕入れて、仕入れ価格の3割増しの売り値をつけましたが、売れなかったので、売り値の2割引きの価格をつけることにしました、この価格はいくらですか。

❖ 比と比の値 ❖

　　2つの量の大きさの割合を、$a:b$ のように2つの数を使って表したものを、2つの量の比といいます。

　　2つの量の比が、$a:b$ のとき、$\dfrac{a}{b}$ を $a:b$ の比の値といいます。

　　$a:b$ の比の値は、a が b の何倍になっているかを表す数です。

例7-5　比の値

　　酢30mLとサラダ油50mLを混ぜてドレッシングを作るとき、酢の量とサラダ油の量の

比は、30：50です。また、この比の値は、$\frac{3}{5}$（＝0.6）です。これは、「酢の量がサラダ油の量の0.6倍である」ということです。

※比の値がわかると、量の調節に生かすことができます。たとえば、サラダ油が40mL しかないときには、酢を $40 \times 0.6 = 24$mL にすれば同じ味のドレッシングを作ることができます。

問5　次の比をかき、その比の値を求めなさい。

（1）長方形の縦15cm と横10cm の長さの比

（2）ノート1冊120円とファイル1冊200円の値段の比

❖ 比の相等 ❖

比 $a：b$ の比の値 $\frac{a}{b}$ と、比 $c：d$ の比の値 $\frac{c}{d}$ が等しいとき、

2つの比が等しいといい、$a：b = c：d$ とかきます。

$$a：b = c：d \Leftrightarrow \frac{a}{b} = \frac{c}{d}$$

ここで、$\frac{a}{b} = \frac{c}{d}$ の両辺に bd をかけると、

$$\frac{a}{b} \times bd = \frac{c}{d} \times bd$$

$ad = cb$ となります。

> 2つの比が等しいとき、内項の積と外項の積が等しい。
>
> $$\overbrace{a：b = c：d}^{\text{外項}}_{\text{内項}}$$

例7-6　等しい比

2つの比40：60と120：180は、ともに比の値が $\frac{2}{3}$ なので、2つの比は等しい。これを、40：60 = 120：180とかきます。

問6　次の2つの比が、等しくなるように、□に数値を入れなさい。

（1）25：15 = □：3　　（2）6：8 = 9：□

❖ 比を使って ❖

2つの量の比がわかっているとき、一方の量がわかると他の量がわかります。また、2つの量の全体量がわかると、それぞれの量がわかります。

例7-7　一方の量を求める

ある学校の女子の生徒は300人で、男子と女子の比が5：3のとき、

男子の人数は、女子の $\frac{5}{3}$ 倍だから、$300 \times \frac{5}{3} = 500$ 人

例7-8　全体を分ける

500mL のジュースを兄と弟で3：2に分けるとき、

兄のジュースの量は、全体の $\frac{3}{5}$ 倍だから、$500 \times \frac{3}{5} = 300$ mL です。

問7　次の（1）～（3）に答えなさい。

（1）男子と女子の比が4：7です。男子が20人のとき、女子は何人ですか。

（2）縦と横の長さの比が4：3です。横の長さが12cm のとき、縦の長さはいくらですか。

（3）サラダ油と酢の比を3：2にして、300mL のドレッシングを作ります。
　　サラダ油の量はいくらですか。

❖ 異種の量の割合 ❖

速さは、時間をもとにした道のり（移動した距離）の割合です。

式で表すと、速さ $= \dfrac{道のり}{時間}$ となります。

時速は、1時間に進む道のりです。分速は、1分間に進む道のりです。秒速は、1秒間に進む道のりです。

例7-9　速さ

（1）1時間に60km 進む速さが、時速60km　　　※60km/h とも表す。

（2）100m を10秒で走る人の速さは、秒速10m、分速600m、時速3600m（3.6km）。
　　※秒速10m を 10m/s、分速600m を 600m/min とも表す。

問8　次の（1）～（3）に答えなさい。

（1）1500m を15分で進むと、分速何 m ですか。

（2）時速270km で走る新幹線の秒速は何 m ですか。

（3）時速40km で、20分走るとどれだけ進みますか。

問9　12km 離れた2地点を往復するのに、行きは時速4km、帰りは時速6km で進みました。次の（1）、（2）に答えなさい。

（1）行きと帰りにかかった時間はそれぞれいくらですか。

（2）平均の速さは時速何 km ですか。

---

8. 文字の式

文字を使うといろいろな数量を表すことができます。

第**3**部

採用試験対策にも役立つ問題集

例8-1　数量を文字で表す

（1）1冊200円のノート a 冊と、1本100円のペン b 本買ったときの代金は、
200a + 100b　（円）

（2）1000円の a％は、$1000 \times \dfrac{a}{100} = 10a$　（円）

（3）みかんを a 人の子どもに、3個ずつ配ると、みかんは全部で3a（個）

（4）2で割って1余る数は、整数 n を使って2n + 1、2で割りきれる数は、2n
※前者を奇数、後者を偶数といいます。

（5）十の位の数が a、一の位の数が b の2桁の数は、10a + b

問1　次の数量を表す式をかきなさい。

（1）現在15歳の子どもの a 年後の年齢

（2）5人が a 円ずつ出して、1000円の品物を買ったときの残金

（3）b 円の品物を、2割引きで買ったときの代金

（4）10km の道のりを x 時間で歩いたときの速さ

（5）$a$km 離れた町まで、時速 $x$km で歩いたときにかかった時間

（6）十の位の数が a、一の位の数が b である2桁の正の整数と、この数の十の位の数と一の位の数を入れ替えてできる数との和

例8-2　数量の関係を文字で表す

「x 枚の色紙を、1人2枚ずつ y 人に配ろうとすると、5枚足りない。」という数量の関係を文字で表すと、
$x - 2y = -5$

問2　次の（1）〜（4）について、数量の関係を文字で表しなさい。

（1）毎日 x ページずつ本を読んだら、10日で y ページ読むことができた。

（2）a 円の品物を、30％引きで買うと、b 円だった。

（3）1000円で、1個 x 円のリンゴ2個と、1個 y 円のみかん5個を買うことができた。

（4）$x$km の道のりを、時速5km で進むと、3時間かからなかった。

⑨. 溶液の濃度

溶液の濃度は、「溶液の量」をもとにした
「溶媒（溶けているもの）の量」の割合です。

$$\text{溶液の濃度} = \dfrac{\text{溶媒の量}}{\text{溶液の量}}$$

105

❖ 食塩水の濃度 ❖

食塩水の場合、溶液は水と食塩、溶媒は食塩になります。

$$食塩水の濃度 = \frac{食塩}{水 + 食塩} \leftarrow (食塩水全体)$$

この割合は、小数になりますが、100倍して百分率で表すことがあります。

例9-1 食塩水の濃度

（1）食塩5gに水95g入れた食塩水の濃度は、$\frac{5}{95+5} = \frac{5}{100} = 0.05$ （5％）

（2）10％の食塩水200gに含まれる食塩の量
　　食塩の量 ＝ 濃度 × 食塩水の量 ＝ 0.1 × 200 ＝ 20g

（3）3％の食塩水200gに水100g入れたときの濃度

　　食塩の量 ＝ 0.03 × 200 ＝ 6g だから、$\frac{6}{200+100} = \frac{6}{300} = 0.02$ （2％）

問1 次の（1）〜（4）に答えなさい。

（1）食塩3gに水97g入れた食塩水の濃度はいくらですか。
（2）5％の食塩水250gに含まれる食塩の量はいくらですか。
（3）6％の食塩水300gに水600g入れたときの濃度はいくらですか。
（4）7％の食塩水200gと12％の食塩水300gを混ぜると、濃度はいくらですか。

❖ 希釈率 ❖

a％の食塩水xgを水でn倍に希釈して、濃度がb％になったとします。

a％の食塩水xgには、$\frac{ax}{100}$gの食塩が含まれています。

この食塩水を、n倍に薄めると、食塩水全体はnxgになり、濃度がb％になったことから、

$$\frac{\frac{ax}{100}}{nx} = \frac{b}{100}$$

が成り立ちます。

これを変形すると

$$\frac{a\cancel{x}}{\cancel{100}} \times \cancel{100} = b \times n\cancel{x}$$
$$a = bn$$
$$n = \frac{a}{b}$$

このnを希釈率といいいます。

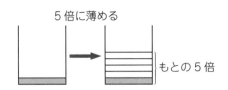

$$希釈率(n) = \frac{もとの溶液の濃度(a)}{薄めた溶液の濃度(b)}$$

消毒液を薄めるとき、この希釈率の考え方を使うことがあります。

例9-2　消毒液の希釈

2％の消毒液を水で希釈して、0.01％の消毒液にするには、

希釈率が、$\dfrac{2}{0.01} = 200$ なので、200倍に薄めるとよい。

仮に、0.01％の消毒液を1000mLつくるには、2％の消毒液を5mL（1000÷200）使って、水を955mL入れるとよい。

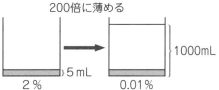

問2　3％の消毒液を150倍に希釈すると、何％の消毒液になりますか。

問3　6％の消毒液100gに何gの水を加えると2％の消毒液になりますか。

問4　水1000mLに6％の消毒液を入れて、0.02％の消毒液を作るには、6％の消毒液を約何mL入れるとよいですか。

10. 式の展開と因数分解

❖ 式の展開 ❖

式の展開には、次の乗法公式を用います。

$$(x + a)(x + b) = x \times (x + b) + a \times (x + b)$$
$$= x^2 + bx + ax + ab$$
$$= x^2 + (a + b)x + ab$$

この式で、

$b = a$ とみると、$(x + a)^2 = x^2 + 2ax + a^2$

$b = -a$ とみると、$(x + a)(x - a) = x^2 - a^2$

さらに、

$$(ax + b)(cx + d) = ax(cx + d) + b(cx + d)$$
$$= acx^2 + adx + bcx + bd$$
$$= acx^2 + (ad + bc)x + bd$$

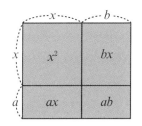

例10-1　公式による展開

$$(3x - 2)(4x + 5)$$
$$= 3 \times 4x^2 + \{(3 \times 5 + (-2) \times 4)\}x + (-2) \times 5$$
$$= 12x^2 + 7x - 10$$

問1　次の式を展開しなさい。

（1）$(x + 2)(x - 1)$　　（2）$(x + 3)^2$　　（3）$(2x + 1)(x - 3)$

（4）$(x - 3)(x + 3)$

❖ 因数分解 ❖

因数分解は、式の展開と逆の操作です。次の公式を用います。

$A：x^2 + (a + b)x + ab = (x + a)(x + b)$
$B：x^2 + 2ax + a^2 = (x + a)^2$
$C：x^2 - a^2 = (x + a)(x - a)$
$D：acx^2 + (ad + bc)x + bd = (ax + b)(cx + d)$

例10-2　公式A～Cを利用した因数分解

（1）公式Aの利用
$x^2 + 4x - 5$
$a + b = 4$で、$ab = -5$だから、
aとbは、5と-1
よって、
$x^2 + 4x - 5 = (x + 5)(x - 1)$

（2）公式Bの利用
$x^2 + 6x + 9$
6と9に着目する。
$9 = a^2$、$6 = 2a$だから、$a = 3$
よって、$x^2 + 6x + 9x = (x + 3)^2$

（3）公式Cの利用
$x^2 - 9$
$x^2 - a^2$の形になっていることに着目する。
$9 = 3^2$だから
$x^2 - 9 = (x + 3)(x - 3)$

問2　次の式を因数分解しなさい。
　　（1）$x^2 - 3x + 2$　　（2）$x^2 - 8x + 16$　　（3）$x^2 - 25$

公式Dを使って因数分解することを、たすき掛けによる方法といいます。
たすき掛けによる方法は、右の図のように既知なものから、a、b、c、dを求めます。

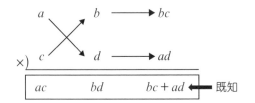

例10-3　公式Dを使った因数分解

$6x^2 + 7x - 3$の因数分解
$(ax + b)(cx + b) = acx^2 + (ad + bc)x + bd$
　　　　　　　　　$6x^2$　　　　$+ 7x$　$- 3$
$ac = 6$、$bd = -3$、$ad + bc = 7$だから、
a、b、c、dの組合せは、右のようになります。
よって、
$6x^2 + 7x - 3 = (2x + 3)(3x - 1)$

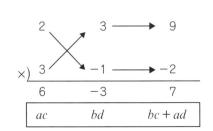

問3　次の式を因数分解しなさい。

（1）$3x^2 + 8x - 3$　　　（2）$4x^2 + 3x - 1$

11. 方程式と不等式

❖ 一次方程式 ❖

x についての一次方程式 $ax + b = 0$ の解は、b を移項して、$ax = -b$

両辺を a で割って、$x = -\dfrac{b}{a}$ となります。

例11-1　$2x - 3 = 0$ の解

$2x = 3$ より　$x = \dfrac{3}{2}$

問1　次の一次方程式を解きなさい。

（1）$4x + 1 = 0$　　　（2）$2x - 3 = x$　　　（3）$\dfrac{1}{2}x + 1 = x - 2$

問2　次の（1）～（4）に答えなさい。

（1）父は41歳、子どもは7歳です。何年後に父の年齢は子どもの年齢の3倍になりますか。

（2）ある品物に原価の3割増しの定価をつけましたが、セールで定価の2割引きで売ったら、400円の利益がありました。原価はいくらですか。

（3）みかんを子どもに分けるのに、1人に5個ずつ配ると3個余り、6個ずつ配ると4個足りません。子どもの人数とみかんの個数を求めなさい。

（4）A地点から2km離れたB地点に、初めは毎分35mの速さで進みましたが、途中から毎分70mで進むと30分で着きました。毎分35mで進んだ距離はいくらですか。

❖ 連立方程式 ❖

x と y の連立一次方程式は、いずれかの文字を消去し、一次方程式に直して解きます。文字を消去する方法に、加減法と代入法があります。

例11-2　連立方程式 $\begin{cases} 2x + 3y = 8 \cdots① \\ 4x - y = 2 \cdots② \end{cases}$ の解

加減法

①＋②×3

$$\begin{array}{r} 2x + 3y = 8 \\ +)\ 12x - 3y = 6 \\ \hline 14x\qquad = 14 \end{array}$$

よって　$x = 1$

②から　$4 \times 1 - y = 2$

$\qquad\qquad y = 2$

ゆえに、$x = 1$、$y = 2$

代入法

②より、$y = 4x - 2 \cdots③$

③を①へ代入

$\qquad 2x + 3(4x - 2) = 8$

$\qquad 14x = 14$

$\qquad$ よって $x = 1$

③から $y = 2$

$\qquad$ ゆえに、$x = 1$、$y = 2$

問3　次の連立方程式を解きなさい

（1）$\begin{cases} y = x + 1 \\ 4x + y = 11 \end{cases}$ 　　（2）$\begin{cases} 4x - 3y = 10 \\ x + y = 1 \end{cases}$ 　　（3）$\begin{cases} \dfrac{x}{3} - \dfrac{y}{4} = 1 \\ x - 2y = -2 \end{cases}$

問4　次の（1）～（3）に答えなさい。

（1）1本120円のジュースと1本150円のお茶を合わせて20本買うと代金は2760円になりました。ジュースとお茶をそれぞれ何本買いましたか。

（2）2桁の正の整数があります。十の位と一の位の和は11、十の位と一の位を入れ替えるともとの数より45小さくなります。もとの数を求めなさい。

（3）ある工場で、先月は、製品 A と B を合わせて800個作りました。今月は、先月と比べて、A を10%少なく、B を20%多く作ると、合わせて100個多くなりました。先月作った製品 A、B の個数を、それぞれ求めなさい。

❖ 二次方程式の解 ❖

二次方程式 $ax^2 + bx + c = 0$ の解

$a(x - \alpha)(x - \beta) = 0$ と因数分解できるときは、$x = \alpha$、β

一般には、解の公式から　$x = \dfrac{-b \pm \sqrt{b^2 - 4ac}}{2a}$

例11-3　二次方程式の解

$x^2 + 3x + 2 = 0$ の解

$(x + 1)(x + 2) = 0$

だから

$x = -1$、-2

$x^2 + x - 1 = 0$ の解

解の公式で、$a = 1$、$b = 1$、$c = -1$ だから、

$$x = \dfrac{-1 \pm \sqrt{1^2 - 4 \times 1 \times (-1)}}{2}$$

$$= \dfrac{-1 \pm \sqrt{5}}{2}$$

問5　次の二次方程式を解きなさい。

（1）$x^2 + 4x + 3 = 0$　　（2）$2x^2 - 3x + 0.5 = 0$

問6　縦が横よりも３cm 長い長方形を作り、その面積が40cm^{2}になるようにします。縦と横の長さを求めなさい。

❖ 二次方程式の解の種類の判別 ❖

二次方程式の解の公式の根号内の数値の符号によって、解の種類は次のようになります。

二次方程式 $ax^2 + bx + c = 0$ の解の種類

$b^2 - 4ac > 0$のとき、異なる２つの実数解　⎫

$b^2 - 4ac = 0$のとき、重解　　　　　　　　⎬　実数解

$b^2 - 4ac < 0$のとき、実数解なし

※ $b^2 - 4ac$ を解の種類を判別する式（判別式）といい、D で表します。

例11-4　解の判別

二次方程式$2x^2 + 3x - 1 = 0$について

D $= 3^2 - 4 \times 2（-1）= 17 > 0$だから、

この二次方程式は、異なる２つの実数解をもつ。

問7　次の二次方程式の解の種類を判別しなさい。

（1）$2x^2 + 5x + 2 = 0$　　（2）$3x^2 + x + \dfrac{1}{4} = 0$

問8　x についての二次方程式$3x^2 - 4kx + k = 0$が重解をもつように、定数 k の値を求めなさい。

❖ 一次不等式 ❖

x についての一次不等式 $ax + b > 0$の解は、

$a > 0$のとき $x > -\dfrac{b}{a}$ で、$a < 0$のとき $x < -\dfrac{b}{a}$

例11-5　一次不等式の解

不等式　$2x - 6 > 0$の解　　　　　　　不等式　$-3x - 2 < 0$の解

$2x > 6$　　　　　　　　　　　　　　　　$-3x < 2$

$x > 3$　　　　　　　　　　　　　　　　　$x > -\dfrac{2}{3}$

問9　次の不等式を解きなさい。

（1）$5x - 25 \leqq 0$　　（2）$\dfrac{2}{3}x + 4 < 0$　　（3）$-\dfrac{3}{4}x - \dfrac{1}{2} \geqq 0$

問10　1個150円のリンゴと1個90円のみかんを合わせて20個を、200円のかごに入れて買います。代金が3000円未満になるようにしたい。リンゴは何個まで買えますか。

問11　x と y が正の整数のとき、$4x + 3y < 27$ を満たす x と y の組をすべて求めなさい。

❖ 二次不等式 ❖

$a > 0$ とする。$ax^2 + bx + c = 0$ の解が α 、β $(\alpha > \beta)$ であるとき、

$ax^2 + bx + c \geqq 0$ の解は、$x \leqq \alpha$ 、$\beta \leqq x$

$ax^2 + bx + c \leqq 0$ の解は、$\alpha \leqq x \leqq \beta$

例11-6　二次不等式の解

$x^2 - 3x + 2 \geqq 0$ の解

$x^2 - 3x + 2 = 0$ を解くと、

$x = 1$、2

だから　$x \leqq 1$、$2 \leqq x$

$3x^2 - 2x - 4 \leqq 0$ の解

$3x^2 - 2x - 4 = 0$ を解くと、

$$x = \frac{1 \pm \sqrt{13}}{3}$$

だから $\dfrac{1 - \sqrt{13}}{3} \leqq x \leqq \dfrac{1 + \sqrt{13}}{3}$

問12　次の二次不等式を解きなさい。

（1）$x^2 - 4 < 0$　　（2）$2x^2 - 3x + 1 > 0$　　（3）$3x^2 + x - 1 \leqq 0$

❖ 連立不等式 ❖

2つの不等式を連立させた連立不等式の解は、それぞれの不等式の解の共通部分を求めるとよい。

例11-7　連立不等式 $\begin{cases} 3x - 2 > 0 \\ 2x^2 - x - 1 < 0 \end{cases}$ の解

$3x - 2 > 0$ を解いて、$x > \dfrac{2}{3}$ ……①

$2x^2 - x - 1 < 0$ を解いて、$-\dfrac{1}{2} < x < 1$ ……②

①と②の共通部分をとると、$\dfrac{2}{3} < x < 1$

問13　次の連立不等式を解きなさい。

（1）$\begin{cases} x + 2 > 6 \\ 2x - 4 < x + 3 \end{cases}$　　（2）$\begin{cases} x^2 - 5x > 6 \\ x^2 + 5 < 6x \end{cases}$　　（3）$x - 2 \leqq 2x - 3 < -3x + 7$

112

 図形

1. 図形の移動

図形の移動には、平行移動、回転移動、対称移動があります。この3つを適当に組み合わせて使うと、図形はどんな位置にも移すことができます。

例1-1　移動

右の図で、△ABCを平行移動すると△DEFとなり、△DEFを、点Fを回転の中心として回転移動すると△GHFとなり、△GHFを、直線ℓを対称の軸として対称移動すると△IKJとなります。

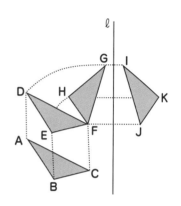

問1　右の図は、正方形ABCDの対角線の交点と各辺の中点を結んだ図です。中にできた8個の直角三角形は合同です。
次の（1）～（4）に答えなさい。
（1）△DOGを平行移動すると、どの三角形と重なりますか。
（2）△DOGを、HFを対称の軸として対称移動すると、どの三角形と重なりますか。
（3）△DOGを、点Oを回転の中心として回転移動すると、どの三角形と重なりますか。
（4）△DOGを、点Oを回転の中心として時計の針の回転と同じ方向に90°回転し、さらにEGを対称の軸として対称移動するとどの三角形に重なりますか。

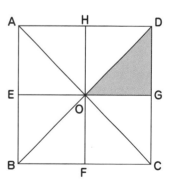

2. 平行線の性質

- 2つの直線に1つの直線が交わるとき、
  2つの直線が平行ならば、同位角や錯角は等しい。
- 平行線の性質から、三角形の内角の和は180°
  また、n 角形の内角の和は、$180 \times (n-2)°$（度）

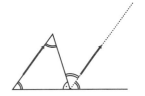

例2-1　角と角の大きさ

（1）右の図で $l \parallel m$ ならば、
　　$\angle a = \angle b$（同位角）、
　　$\angle a = \angle c$（錯角）

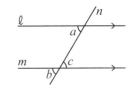

（2）正五角形の内角の和は、$180 \times (5-2) = 540°$
　　また、1つの内角は、$540 \div 5 = 108°$

問1　2つの平行線に、図のように線が交わっています。
　　x の値を求めなさい。

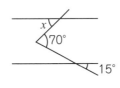 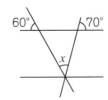

問2　次の（1）、（2）に答えなさい。
　（1）正六角形の内角の和を求めなさい。
　（2）1つの外角の大きさが40°である正多角形は正何角形ですか。

問3　右の図は、長方形 ABCD を線分 EF で折ったものです。
　　$\angle BEG = 100°$ のとき、$\angle GEF$、$\angle AFH$ の大きさを求めなさい。

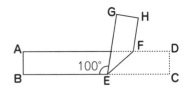

問4　右の図の平行四辺形 ABCD で、BD∥EF です。
　　△ABE と面積の等しい三角形を、図の中からすべて選びなさい。

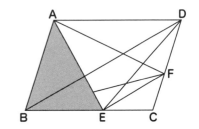

3. 図形の合同

二つの図形がぴったり重なるとき、合同といいます。合同な図形では次の性質があります。
・対応する線分の長さは、それぞれ等しい。
・対応する角の大きさは、それぞれ等しい。

例3-1 四角形の合同

四角形 ABCD と四角形 EFGH が合同であることを、記号 ≡ を使って、四角形 ABCD ≡ 四角形 EFGH と表します。

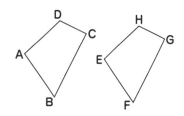

問1　右の図で、四角形 ABCD ≡ 四角形 EFGH です。
∠ABC に大きさの等しい角は、どれですか。
また、辺 BC の長さに等しい辺はどれですか。

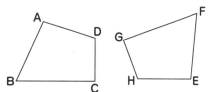

2つの三角形は、次の各場合が成り立つとき、合同です。
・3組の辺が、それぞれ等しい。
・2組の辺とその間の角が、それぞれ等しい。
・1組の辺とその両端の角が、それぞれ等しい。

例3-2 三角形の合同

次の図は、点 O を中心とする2つの円に点 O を通る線分 AD と線分 BC を引いたものです。

この図で、2つの△ABO と△CDO において、
AO = OC、OB = OD、∠AOB = ∠COD
2組の辺とその間の角が等しいから、△ABO ≡ △CDO

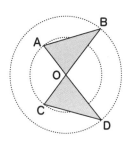

問2　右の図は、2つの平行な直線上にそれぞれ2点 AB をとり、線分 AB の中点 O を通る直線 EF を引いたものです。
このとき、△OBE ≡ △OAF であることを示すには、どの合同条件を使えばよいですか。

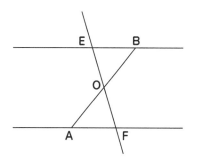

4. 図形の計量

平面図形の計量では、次の①〜⑥の公式をよく使います。

①直角三角形で斜辺の長さが c、ほかの二辺の長さが a と b であるとき、$c^2 = a^2 + b^2$（三平方の定理）。

②△ABC の内接円の半径が r、3辺の長さが a、b、c のとき、

三角形の面積は $\dfrac{1}{2}(a+b+c)r$

③半径 r の円の円周は $2\pi r$、面積は πr^2

④半径 r、中心角 $a°$ のおうぎ形の弧の長さは $\dfrac{\pi r a}{180}$、面積は $\dfrac{\pi r^2 a}{360}$

⑤底面の半径 r、高さが h の円柱の側面積は $2\pi rh$、体積は $\pi r^2 h$

⑥底面の半径 r、高さが h の円錐の体積は $\dfrac{\pi r^2 h}{3}$

また、この円錐の展開図のおうぎ形の半径は $\sqrt{r^2 + h^2}$

式のいくつかを説明しておきます。

①は、1辺の長さが c の正方形の内部に、ほかの2辺の長さが a、b である直角三角形を4つかくと、外の正方形と内にできた正方形の関係から

$c^2 - 4 \times \dfrac{1}{2}ab = (b-a)^2$ が成り立ちます。

これを整理して、
$c^2 - 2ab = b^2 - 2ab + a^2$
$c^2 = a^2 + b^2$ となります。

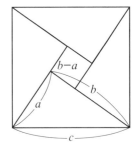

②は、次の図のように、3辺の長さが a、b、c である三角形の面積は、内接円の中心 P によって分けられる3つの三角形の面積の和と考えます。

内接円の半径を r とすると、

$\dfrac{1}{2}ar + \dfrac{1}{2}br + \dfrac{1}{2}cr$
$= \dfrac{1}{2}(a+b+c)r$

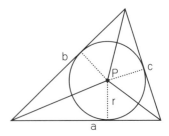

⑥の円錐の展開図で、おうぎ形の半径は右の図のように円錐の高さと底面の半径を用いて、求めることができます。

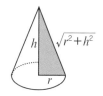

例4-1 おうぎ形と円錐の計量

（1）半径3cm、中心角60°のおうぎ形

弧の長さは、$2 \times 3 \times \pi \times \dfrac{60}{360} = \pi$ cm、面積は、$\pi \times 3^2 \times \dfrac{60}{360} = \dfrac{3}{2}\pi$ cm^2

（2）底面の半径4cm、高さ3cmの円錐

体積は、$\dfrac{1}{3} \times \pi \times 4^2 \times 3 = 16\pi$ cm^3

この立体の展開図で、おうぎ形の半径は、$\sqrt{4^2 + 3^2} = \sqrt{25} = 5$ cm

おうぎ形の弧の長さは、$2 \times 4 \times \pi = 8\pi$ cm

おうぎ形の中心角を $x°$ とすると、$2 \times 5 \times \pi \times \dfrac{x}{360} = 8\pi$ が成り立つから $x = 288°$

問1 半径12cm、弧の長さ 4π cm のおうぎ形について、次のものを求めなさい。
（1）中心角　（2）面積

問2 右の円錐の展開図について、次の（1）～（3）に答えなさい。
（1）弧 AB の長さを求めなさい。
（2）底面の半径を求めなさい。
（3）円錐の高さを求めなさい。

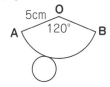

問3 底面の半径が3、高さが4の円柱について、次の（1）、（2）に答えなさい。
（1）体積を求めなさい。
（2）側面積を求めなさい。

問4 次の図①～④は、1辺が10cmの正方形と、半径10cmの $\dfrac{1}{4}$ 円を使ってできたものです。斜線部分の面積をそれぞれ求めなさい。ただし、円周率は π とします。

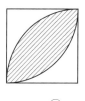

①　　　　　②　　　　　③　　　　　④

問5　右の図の△ABCはC＝90°AC＝3cm、BC＝4cmの直角三角形です。
　　　辺ABと辺AC上に、AD＝AEとなる点をとり、線分DEを折り目として折ると、頂点Aがちょうど辺BC上に重なりました。このとき、次の
　　（1）〜（3）に答えなさい。

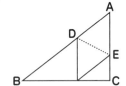

（1）辺ABの長さを求めなさい。
（2）線分ADの長さを求めなさい。
（3）△ADEの面積を求めなさい。

5. 相似な図形、三角比

　2つの図形があって、一方の図形を拡大または縮小したものと、他方の図形がぴったり重なる（合同である）とき、この2つの図形は相似であるといいます。

　相似な2つの図形で、対応する線分の長さの比を相似比といいます。相似な図形の面積比は相似比の2乗になります。

例5-1　四角形の相似

　A4の紙は、A3の紙の半分です。

　A4の紙とA3の紙を右図のように並べると、対角線が重なり、2つの図形が拡大・縮小の関係にあることがわかります。

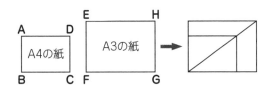

　つまり、A4の紙（四角形ABCD）とA3の紙（四角形EFGH）は相似です。このことを、記号∽を使って、四角形ABCD∽四角形EFGHとかきます。

　相似な図形なので、対応する辺の比が等しく、次の比例式が成り立ちます。
　　AB：EF ＝ AD：EH

問1　2つの正六角形A、Bがあります。それぞれの1辺の長さは、4cmと7cmです。AとBの面積比を求めなさい。

問2　上の例5-1で、A4の紙とA3の紙の相似比を求めなさい。また、それぞれの紙の縦と横の長さの比を求めなさい。

❖ 三角形の相似 ❖

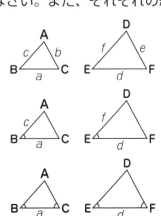

　2つの△ABCと△DEFが次の条件を満たすとき、相似といい、△ABC∽△DEFとかきます。

　3組の辺の比が、すべて等しいとき
　$a：d ＝ b：e ＝ c：f$

　2組の辺の比とその間の角が、それぞれ等しいとき
　$a：d ＝ c：f$，∠B＝∠E

2組の角が、それぞれ等しいとき
∠B＝∠E、∠C＝∠F

例5-2　相似な三角形

△ABC∽△DEFで、AB：DE＝3：1です。
BC＝5のとき、EF＝15
また、面積比は相似比の2乗になるので、
△ABC＝10のとき、△DEF＝90

問3　右の図で、DE∥BC、△ADE＝100cm^{2}です。
次の（1）〜（3）に答えなさい。
（1）△ADE∽△ABCであることを使って、
　　比 DE：BCを求めなさい。
（2）△ADEと△ABCの面積比を求めなさい。
（3）△ABCの面積を求めなさい。

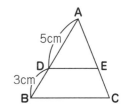

問4　右の図は、EH＝6、HG＝2の長方形EFGHの外に、長方形ABCDをかいた
ものでて、AE＝DGとなっています。
　　次の（1）〜（3）に答えなさい。
（1）△EHGの斜辺EGの長さを求めなさい。
（2）△HAE∽△EHGであることを用いて、
　　AEの長さを求めなさい。
（3）長方形ABCDの面積を求めなさい。

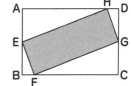

問5　右の図のように、平行四辺形ABCDの辺AD
を2：3に分ける点をP、辺BCを1：2に分
ける点をQとするとき、次の（1）、（2）に答
えなさい。
（1）△PDRと△RBQの面積比を求めなさい。
（2）平行四辺形ABCDの面積をaとするとき、
　　△PRDの面積をaで表しなさい。

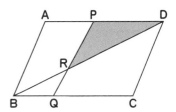

問6　右の図のABCDEは正五角形です。対角線AC
とBDの交点をFとするとき、次の（1）〜（3）
に答えなさい。
（1）∠ACDの大きさを求めなさい。
（2）∠DFCの大きさを求めなさい。
（3）CD＝2のとき、ACの長さを求めなさい。

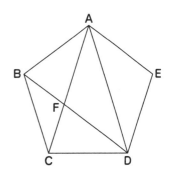

❖ 三角比 ❖

　右の図は、点 O を中心とする半径 r の半円上に、∠XOP = θ となる点 P $(x、y)$ をとったものです。

　このとき、余弦（cos）、正弦（sin）、正接（tan）を次のように定めます。

$$\cos\theta = \frac{x}{r}、\quad \sin\theta = \frac{y}{r}、\quad \tan\theta = \frac{y}{x}$$

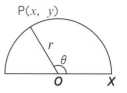

例 5-3　定義から三角比を求める

　右の図は、半径 2 の半円上に、点 P を∠XOP = 60°となるようにとったものです。

　点 P の座標は、$(1、\sqrt{3})$ なので、

$$\cos 60° = \frac{1}{2}、\quad \sin 60° = \frac{\sqrt{3}}{2}、\quad \tan 60° = \sqrt{3}$$

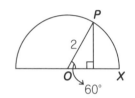

問 7　右の図を利用して、120°の余弦、正弦、正接を求めなさい。

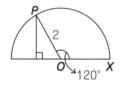

問 8　右の図のように、正三角形 ABC に正方形が内接しています。AB = a とするとき、正方形の一辺の長さを a で表しなさい。

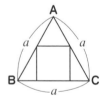

❖ 三角比の相互関係 ❖

　正弦（sin）、余弦（cos）、正接（tan）の相互に次の関係が成り立ちます。

$$\sin^2 A + \cos^2 A = 1、\quad \tan A = \frac{\sin A}{\cos A}、\quad 1 + \tan^2 A = \frac{1}{\cos^2 A}$$

例 5-4　相互関係から三角比を求める

　$90° \leqq \theta \leqq 180°$ で $\sin\theta = \dfrac{1}{3}$ のとき、

$$\cos^2\theta = 1 - \left(\frac{1}{3}\right)^2 = \frac{8}{9} \quad \cos < 0 \text{ より、} \cos\theta = -\frac{2\sqrt{2}}{3}$$

$$\tan\theta = \frac{\sin\theta}{\cos\theta} = \frac{1}{3} \div \left(-\frac{2\sqrt{2}}{3}\right) = -\frac{1}{2\sqrt{2}}$$

問 9　$90° \leqq \theta \leqq 180°$ で $\cos\theta = -\dfrac{2}{3}$ のとき、$\tan\theta$ と $\sin\theta$ の値を求めなさい。

❖ 正弦定理と余弦定理、三角形の面積 ❖

△ABC とその外接円の半径 R、面積を S とすると、次の式が成り立ちます。

正弦定理：$\dfrac{a}{\sin A} = \dfrac{b}{\sin B} = \dfrac{c}{\sin C} = 2R$

余弦定理：$a^2 = b^2 + c^2 - 2bc \cdot \cos A$
$b^2 = c^2 + a^2 - 2ca \cdot \cos B$
$c^2 = a^2 + b^2 - 2ab \cdot \cos C$

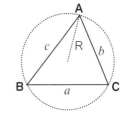

三角形の面積

① 2辺のその間の角がわかっているとき、

$$S = \dfrac{1}{2}ab \cdot \sin C = \dfrac{1}{2}bc \cdot \sin A = \dfrac{1}{2}ca \cdot \sin B$$

② 3辺の長さがわかっているとき（ヘロンの公式）、

$t = \dfrac{a+b+c}{2}$ とすると、$S = \sqrt{t(t-a)(t-b)(t-c)}$

例5-5　三角形の計量

△ABC において、

（1）$\sin A = \dfrac{2}{3}$、$a = 3$ のとき、外接円の半径 R は、$R = \dfrac{a}{2\sin A} = \dfrac{3}{2 \times \dfrac{2}{3}} = \dfrac{9}{4}$

（2）$a = 2$、$b = 3\sqrt{3}$、$C = 30°$ のとき、

$$c = \sqrt{a^2 + b^2 - 2ab\cos C} = \sqrt{4 + 27 - 2 \times 2 \times 3\sqrt{3} \times \dfrac{\sqrt{3}}{2}} = \sqrt{13}$$

（3）$b = \sqrt{2}$、$c = 3$、$A = 45°$ のとき、面積は、$\dfrac{1}{2} \times \sqrt{2} \times 3 \times \sin 45° = \dfrac{3}{2}$

（4）$a = 5$、$b = 7$、$c = 10$ のとき、$t = \dfrac{5 + 7 + 10}{2} = 11$ だから面積は、

$$\sqrt{11 \times (11-5) \times (11-7) \times (11-10)} = \sqrt{11 \times 6 \times 4} = 2\sqrt{66}$$

問10　△ABC において、次の（1）～（6）の値を求めなさい。

（1）$C = 90°$、$B = 30°$、$a = 6$ のとき、b

（2）$B = 60°$、$C = 45°$、$b = 2$ のとき、c

（3）$c = 5$、$A = 120°$、$C = 30°$ のとき、a と △ABC の外接円の半径

（4）$b = 3$、$c = 4$、$A = 60°$ のとき、a

（5）$a = 6$、$c = 4$、$B = 30°$ のとき、△ABC の面積

（6）$a = 10$、$b = 12$、$c = 6$ のとき、△ABC の面積

6. 空間図形

❖ 空間における平行と垂直 ❖

空間における2直線 ℓ、m の位置関係は、次のいずれかです。

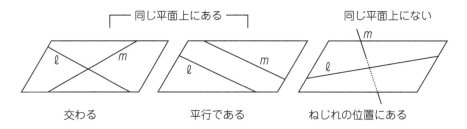

空間における直線 ℓ と平面 P との位置関係は、次のいずれかです。

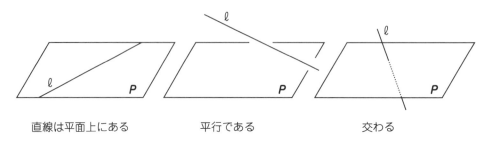

とくに、直線 ℓ と平面 P が垂直であるとは、直線 ℓ が平面 P と点 A で交わっていて、点 A を通る平面 P 上のすべての直線と垂直であるときをいいます。

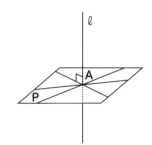

例6-1 直方体の辺と面

右の直方体で、

辺 AB に平行な辺は、辺 FG、辺 EH、辺 DC。

辺 AB に垂直に交わる辺は、辺 BG、辺 AF、辺 AD、辺 BC。

辺 AB とねじれの位置にある辺は、辺 CH、辺 DE、辺 FE、辺 GH。

面 ABCD と平行な辺は、辺 FE、辺 FG、辺 GH、辺 EH。

面 ABCD と垂直な辺は、辺 AF、辺 BG、辺 CH、辺 DE。

面 ABCD と平行な面は、面 EFGH。

面 ABCD と垂直な面は、面 ABGF、面 CDEH、面 AFED、面 BGHC。

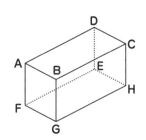

問1　右の三角柱について、次の各辺を答えなさい。
　　（1）辺 EF と平行な辺
　　（2）辺 EF と垂直に交わる辺
　　（3）辺 EF とねじれの位置にある辺
　　（4）面 DEF と垂直な辺

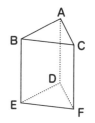

❖ 立体の見取図と展開図 ❖
　立体を調べるのに、立体の見取図から展開図をかいたり、展開図から見取り図をかいたりします。

例6-2　見取図と展開図の関係

見取図　　　　　　　　　　　　　　展開図

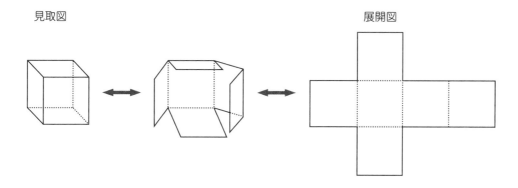

問2　右の展開図を組み立てできる立方体について、次の（1）〜（3）に答えなさい。
　　なお、A〜N は立方体の頂点を表しています。
　　（1）頂点 A と重なる点はどれですか。
　　（2）頂点 H と重なる点をすべてあげなさい。
　　（3）立体で面 MLKJ と平行な面は、
　　　　展開図上ではどれになりますか。

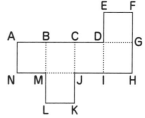

問3　正四面体（すべての面が正三角形）の展開図をかきなさい。

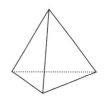

問4　右の図は、正八面体の展開図です。辺 AB と重なる辺を
　　すべて選び、その辺をマークしなさい。

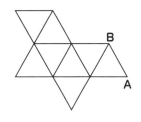

❖ 回転体 ❖

　円柱、円錐、球などは、一つの平面図形を、その平面上の直線の回りに1回転させてできた立体と見ることができます。
　このような立体を回転体といい、直線を回転の軸といいます。

例6-3　回転体

　斜線部分の図形を直線の回りに回転させたとき、それぞれ円柱、円錐、球になります。

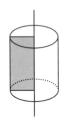  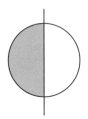

問5　次の図形を、直線 ℓ を軸として1回転させてできる立体の見取図をかきなさい。
　　（1）　　　　　　　　　　（2）

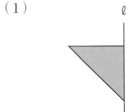 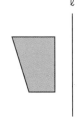

問6　右の図は、直線 AB 上に点 C を AC = 3、CB = 4 となるようにとり、中心角90°のおうぎ形 BCD と直角三角形 ACD とをくっつけた図形です。このとき、辺 AB を回転の軸として、この図形を1回転させてできる立体の体積と表面積を求めなさい。

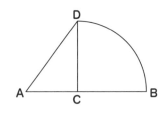

❖ 立体の切断 ❖

立体を平面で切ると、切り口はいろいろな図形になります。たとえば、図のように円柱を底面に平行な平面で切り取ると、切り口の図形は円になり、底面に垂直な平面で切ると、長方形になります。

例6-4　立方体の切断

右の立方体を、頂点 A、B と辺上の点 C を通る平面で切ると長方形になります。

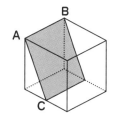

問7　次の（1）〜（3）の立方体について、3点 ABC を通る平面で切ったとき、切り口はどんな図形ですか。

（1）　　　　　　　　　（2）　　　　　　　　　（3）点 B は辺 DE の中点

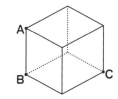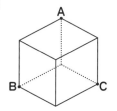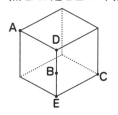

問8　右の図の ABCD － EFGH は、1辺が4cm の立方体です。
点 P は、線分 BG を 1：3 に分ける点です。
また、PQ ⊥ CG です。次の（1）〜（3）に答えなさい。

（1）線分 BP の長さを求めなさい。
（2）線分 PE の長さを求めなさい。
（3）四角形 PQHE の面積を求めなさい。

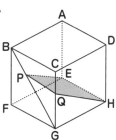

場合の数と確率

1. 場合の数

❖ 和の法則と積の法則 ❖

- 同時に起こらない2つのことがらA、Bがあるとき、Aの起こり方が m 通り、Bの起こり方が n 通りであるとき、A、Bいずれかが起こる場合の数は、$m+n$ 通り（和の法則）。
- 2つのことがらA、Bがあって、Aの起こり方が m 通りあり、それぞれの場合に対して、Bの起こり方が n 通りあるとき、A、Bがともに起こる場合の数は、$m \times n$ 通り（積の法則）。

例1-1 和の法則・積の法則

大小2個のサイコロを同時に投げるとき、
（1）目の和が5になる場合の数
　　目の和が5になるのは、（大, 小）の組み合わせが、
　　（1, 4）（2, 3）（3, 2）（4, 1）の場合で、
　　これらは同時に起こらないから、4通り。
（2）目の積が偶数になる場合の数
　　目の積が偶数になるのは、ともに偶数の場合だから
　　　大きいサイコロは、2、4、6の3通り
　　　小さいサイコロも、2、4、6の3通り
　　これらがともに起こるので、$3 \times 3 = 9$ 通り。

問1　大小2つのサイコロを同時に投げるとき、目の出方は何通りですか。また、和が6以上になるのは何通りですか。

問2　a、a、b、c の4文字から3個選んで左から右に1列に並べる場合の数は何通りありますか。ただし、同じ文字の場合は区別はないものとします。

問3　大小2個のサイコロを同時に投げるとき、目の積が奇数になる場合の数を求めなさい。

❖ 順列 ❖

・異なる n 個のものから r 個取り出して 1 列に並べたものを、n 個から r 個取る順列といい、その総数は、

$$_n\mathrm{P}_r = \underbrace{n \times (n-1) \times \cdots \times (n-r+1)}_{r \text{ 個の積}} \text{ 通り。}$$

ここで、

$$n! = n \times (n-1) \times \cdots \times 3 \times 2 \times 1, \quad 0! = 1 \text{ と定めると}$$

$$_n\mathrm{P}_r = n \times (n-1) \times \cdots \times (n-r+1) = \frac{n!}{(n-r)!} \text{ 通り。}$$

・異なる n 個のものを円形に並べたものを、円順列といい、その総数は、$(n-1)!$ 通り。

・n 個のうち、同じものがそれぞれ、p 個、q 個、r 個、……あるとき、

これらを 1 列に並べる並べ方の総数は、

$$\frac{n!}{p!q!r!\cdots} \text{ 通り。ただし、} n = p + q + r + \cdots$$

例1-2　いろいろな順列の総数

（1）5 個のものを 1 列に並べる方法は、

$$5! = 5 \times 4 \times 3 \times 2 \times 1 = 120 \text{ 通り。}$$

（2）5 個のものを円形に並べる方法は、

$$4! = 4 \times 3 \times 2 \times 1 = 24 \text{ 通り。}$$

（3）5 個のものから 3 個選んで並べる方法は、

$$_5\mathrm{P}_3 = \frac{5!}{(5-3)!} = 5 \times 4 \times 3 = 60 \text{ 通り。}$$

（4）a、a、a、b、b の 5 文字を 1 列に並べる順列は、

$$\frac{5!}{3! \cdot 2!} = 10 \text{ 通り。}$$

問4　A、B、C、D、E の 5 人が 1 列に並ぶとき、次のような並び方は何通りありますか。

（1）5 人の並び方の総数

（2）D と E が隣り合う並び方

（3）A と E が両端にくるような並び方

問5　男子 3 人、女子 3 人が手をつないで輪を作るとき、次のような並び方は何通りありますか。

（1）6 人の並び方の総数

（2）特定の 2 人が向かい合う並び方

（3）男子と女子が交互に並ぶ並び方

問6　右の図のような、長方形状に道があるとき、最短距離になるようにして、A地点からB地点まで行く道順は全部で何通りありますか。

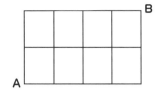

❖ 組合せ ❖

異なるn個のものからr個取り出して1組としたものを、n個からr個取る組合せといい、その総数は、

$$_nC_r = \frac{_nP_r}{r!} = \frac{n(n-1)(n-2)\cdots(n-r+1)}{r(r-1)(r-2)\cdots 2\cdot 1} = \frac{n!}{r!\cdot(n-r)!}$$ 通り。

例1-3　組合せの総数

5人から3人の委員を選ぶ方法は、

$$_5C_3 = \frac{5!}{3!\cdot(5-3)!} = \frac{5\times 4}{2} = 10$$ 通り。

問7　女子8人、男子5人の中から、5人選ぶとき、次の（1）～（3）に答えなさい。
（1）5人の選び方は全部で何通りありますか。
（2）女子3人、男子2人となる選び方は何通りありますか。
（3）5人の中に、特定の男子2人を含む選び方は何通りありますか。

問8　5個の数　－2、－1、1、2、3があります。この5個の数から3個の数を選ぶ方法は何通りありますか。また、この5個の数から選んだ3個の数の積が正の数になるのは何通りありますか。

問9　9人が3つの部屋A、B、Cにそれぞれ4人、3人、2人に分かれて入ります。部屋に入る方法は何通りありますか。

2. 確率

起こる場合が全部でn通りあり、そのどれが起こることも同じ程度であると考えられるとき（これを、「同様に確からしい」という）、ことがらAの起こる場合がa通りであるとき、ことがらAの起こる確率pは、$p = \dfrac{a}{n}$ となります。

例2-1　サイコロの確率

サイコロを1回ふるとき、偶数の目が出る確率は、
サイコロを1回投げて起こる場合は、1から6までの6通り。
このうち、偶数の目は2、4、6の3通りだから、

$$\frac{3}{6} = \frac{1}{2}$$

第**3**部

採用試験対策にも役立つ問題集

問1　3人でジャンケンをするとき、1人だけが勝つ確率を求めなさい。

問2　2つのサイコロを1回投げるとき、次の（1）、（2）に答えなさい。
（1）目の和が10になる確率
（2）目の和が10以上になる確率

問3　袋の中に赤玉5個、白玉3個入っています。この袋から無作為に2つの玉を取り出すとき、2つとも白玉である確率を求めなさい。

問4　20本のくじの中に、5本の当たりくじが入っています。このくじをAさんが1本引き、元に戻さないで続いて、Bさんが残りくじの中から1本引くとき、次の（1）、（2）に答えなさい。
（1）二人とも当たる確率
（2）少なくとも一方が当たる確率

問5　A、B、C、Dの4人が1列に並ぶとき、BとCが隣り合って並ぶ確率を求めなさい。

点の座標・関数

1. 点の座標

❖ 2点間の距離と分点 ❖

2点 A (x_1, y_1)、B (x_2, y_2) について、

線分 AB の長さ $= \sqrt{(x_1-x_2)^2 + (y_1-y_2)^2}$

線分 AB を $m:n$ に分ける点の座標は、$\left(\dfrac{nx_1+mx_2}{m+n}, \dfrac{ny_1+my_2}{m+n}\right)$

例1-1 2点間の距離と分点

2点 A $(1, 3)$、B $(2, 5)$ について、

線分 AB の長さ $= \sqrt{(1-2)^2 + (3-5)^2} = \sqrt{5}$

線分 AB を 2：3 に分ける点の座標は、

$\left(\dfrac{3 \times 1 + 2 \times 2}{2+3}, \dfrac{3 \times 3 + 2 \times 5}{2+3}\right) = \left(\dfrac{7}{5}, \dfrac{19}{5}\right)$

問 1 2点 A$(-2, 3)$、B$(1, 2)$ のとき、次の（1）～（3）に答えなさい。

（1）線分 AB の長さ

（2）線分 AB の中点の座標

（3）線分 AB を 1：3 に分ける点の座標

2. 関数

❖ 一次関数 ❖

- 一次関数 $y = ax + b$ のグラフは、傾きが a、y 切片が b の直線。
- 点 (x_1, y_1) を通り、傾き m の直線の方程式は、$y = m(x - x_1) + y_1$
- 2点 (x_1, y_1)、(x_2, y_2) を通る直線の方程式は、

$x_1 \neq x_2$ のとき、上の式で、傾き $m = \dfrac{y_2 - y_1}{x_2 - x_1}$ とすると、

$y = \dfrac{y_2 - y_1}{x_2 - x_1}(x - x_1) + y_1$

$x_1 = x_2$ のとき、$x = x_1$

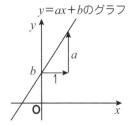

例2-1　直線の方程式

（1）傾きが2で、y切片が-1の直線の方程式は、$y = 2x - 1$。

（2）点$(-3, 2)$を通り、傾きが$\dfrac{1}{2}$の直線の方程式は、

$y = \dfrac{1}{2}(x + 3) + 2$ だから、$y = \dfrac{1}{2}x + \dfrac{7}{2}$

（3）3点 A$(2, 1)$、B$(-1, 3)$、C$(-1, -2)$ について、

直線 AB の方程式は、$y = \dfrac{3-1}{-1-2}(x-2) + 1$だから、$y = -\dfrac{2}{3}x + \dfrac{7}{3}$

直線 BC の方程式は、$x = -1$

問1　次の直線の方程式を求めなさい。

（1）傾きが-1で、y切片が2の直線

（2）点$(3, 2)$を通り、傾きが-1の直線

（3）2点$(1, 2)$、$(3, 2)$を通る直線

（4）2点$(5, -1)$、$(5, 1)$を通る直線

問2　3点$(2, -1)$、$(3, 4)$、$(-2, a)$を通る直線があるとき、aの値を求めなさい。

問3　直方体の形をした容器に、一定の割合で水を入れます。右の表は、水を入れ始めてからの時間と水の深さとの関係を表しています。

時間（分）	1	2	3	4	5	…
水の深さ（cm）	8	□	□	26	□	…

次の（1）〜（3）に答えなさい。

（1）表の□にあてはまる数を求めなさい。

（2）最初、容器には深さ何 cm の水が入っていましたか。

（3）92cm の深さまで水が入るのは、何分後ですか。

❖ 一次関数のグラフの交点の座標 ❖

一次関数 $y = ax + b$ のグラフと $y = cx + d$ のグラフの交点の座標 $(x、y)$ は、

連立方程式 $\begin{cases} y = ax + b \\ y = cx + d \end{cases}$ の解

例2-2　グラフの交点

一次関数 $y = -2x + 1$ と $y = -\dfrac{1}{2}x - 2$ のグラフの交点の座標は、

連立方程式 $\begin{cases} y = -2x + 1 \cdots ① \\ y = -\dfrac{1}{2}x - 2 \cdots ② \end{cases}$ の解

131

①を②へ代入して

$-2x+1 = -\dfrac{1}{2}x-2$

$-4x+2 = -x-4$

$x = 2$

①に、$x=2$を代入して、$y = -2 \times 2 + 1 = -3$

交点の座標は、$(2, -3)$

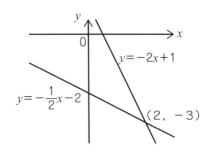

問4 二つの一次関数 $y = -2x+1$ と、$y = \dfrac{2}{3}x - 1$ のグラフの交点の座標を求めなさい。

問5 P地点からQ地点まで12kmあり、兄と弟がP地点からQ地点まで一定の速さで移動します。

　弟がP地点を毎時18kmで出発し、10分後に兄が出発しました。右の2つのグラフは、弟が出発してから x 分後の兄と弟のP地点からの距離を y kmとして、x と y の関係を表したものであり、点 $(20, 6)$ で交わっています。

　次の（1）〜（3）に答えなさい。

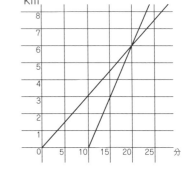

（1）兄の速さを求めなさい。

（2）兄について、y を x の式で表しなさい。

（3）兄が、10分後に出発するとして、P地点から9kmの地点で追いつくには、毎時何kmの速さで進めばよいですか。

❖ 二次関数 ❖

・二次関数 $y = a(x-p)^2 + q$ のグラフ
頂点の座標は (p, q)、軸の方程式は、$x = p$
$a > 0$ のとき、下に凸、$a < 0$ のとき、上に凸

・二次関数 $y = ax^2 + bx + c$ は、$y = a(x-p)^2 + q$
と変形することで、グラフの頂点等が求められます。

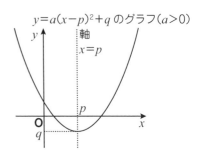

例2-3　頂点の座標

　二次関数 $y = 2x^2 - 4x + 1$ のグラフの頂点の座標は、
$y = 2(x^2 - 2x) + 1 = 2(x-1)^2 - 2 + 1 = 2(x-1)^2 - 1$ と変形
して、$(1, -1)$ と求められます。

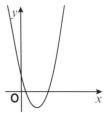

問6 二次関数 $y = 3x^2 + 6x - 2$ のグラフの頂点の座標を求めなさい。

問7　関数 $y = x^2 - 4x + 3$（$-1 \leqq x \leqq 4$）の最大値及び最小値を求めなさい。

問8　右の図のように、関数 $y = ax^2$ のグラフ上に、
2点 A（-2, 2）、B があり、直線 AB の y 切片は 1 です。
次の（1）～（5）に答えなさい。
（1）a の値を求めなさい。
（2）点 B の座標を求めなさい。
（3）△OAB の面積を求めなさい。
（4）直線 AB の x 切片を求めなさい。
（5）点 O から、線分 AB に下ろした垂線の長さを求めなさい。

❖ 規則を見つける ❖

この項では、自然数の和の公式を使うことがあります。
たとえば、1 から 10 までの和を S とすると、

$$\begin{array}{r} S = 1 + 2 + \cdots + 9 + 10 \\ +)\ S = 10 + 9 + \cdots + 2 + 1 \\ \hline 2S = (10 + 1) \times 10 \end{array}$$

両辺を 2 で割って、

$$S = \frac{(10 + 1) \times 10}{2} \cdots ※$$

$$= 55$$

※の式は、$S = \dfrac{(初項 + 末項) \times 項数}{2}$ とみなすことができます。

例 2-4　自然数 1 から n までの和

初項 1、末項 n、項数 n なので、

和 S は、$S = \dfrac{(1+n)n}{2} = \dfrac{n(n+1)}{2}$

問9　次の和を求めなさい。
（1）奇数の和
　　$1 + 3 + 5 + \cdots + 99$
（2）3 の倍数の和
　　$6 + 9 + 12 + \cdots + 81$

問10　右の図は、正方形の各辺を 4 等分して作った方眼です。
この図に含まれる正方形の総数を、大小含めて数えます。
次の（1）、（2）に答えなさい。

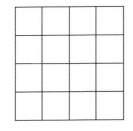

（1）次の表を利用して、正方形の個数を数えなさい。

1辺の長さ	1	2	3	4	合計
正方形の数	個	個	個	個	個

（2）10等分して作った方眼では、正方形の総数はいくらになりますか。

問11 右の図のように、1辺が1cmの正方形を1段、2段、3段、…と並べていくとき、次の（1）〜（3）に答えなさい。 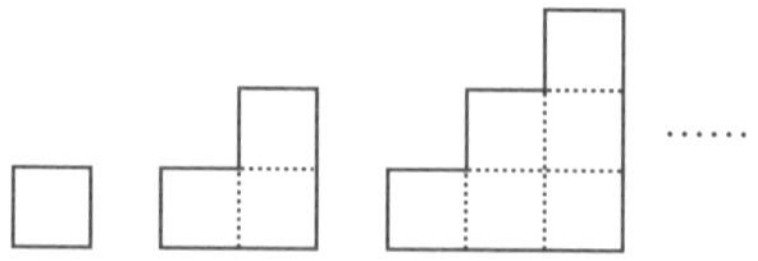
　（1）6段並べるには、正方形はいくつ必要ですか。
　（2）x段並べるには、正方形は全部でいくつ必要ですか。
　（3）2段以降の図形を階段状の図形とみるとき、
　　ⅰ）x段並べたときの図形の周囲の長さをyとして、yをxの式で表しなさい。
　　ⅱ）x段並べたときの図形の頂点の数をyとして、yをxの式で表しなさい。

問12 右の図はマッチ棒を並べて作ったものです。次の（1）、（2）に答えなさい。
　（1）ア）のように正方形を作っていく。5個作ったときのマッチの本数を求めなさい。また、n個作ったときのマッチ棒の本数をnで表しなさい。
　（2）イ）のように正三角形を作っていく。n個作ったときのマッチ棒の本数をnで表しなさい。

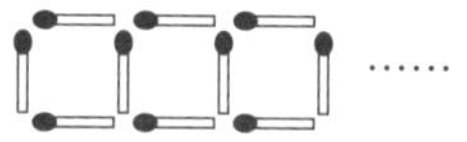

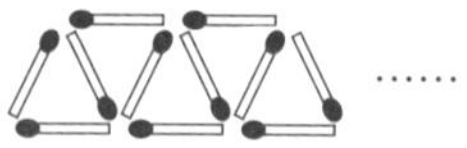

問13 次の数は、ある規則に沿って並べたものです。最初から65番目の数を求めなさい。
　1、1、2、1、2、3、1、2、3、4、1、…

問14 右のように、数を並べます。次の（1）〜（3）に答えなさい。
　（1）80は、何行何列目にありますか。
　（2）20行1列目の数を求めなさい。
　（3）50行25列目の数を求めなさい。

	1列目	2列目	3列目	4列目	5列目	…
1行目	1	2	4	7	11	…
2行目	3	5	8	12	…	
3行目	6	9	13	…		
4行目	10	14	…			
5行目	15	…				

1. 代表値

・平均値は、データの総和を総度数で割ったもの。
・中央値（メジアン）は、データの値の大きさの順に並べたとき、中央に来る値（データの値の個数が偶数のときは、中央にある2つの値の平均値を中央値とする）。
・最頻値（モード）は、最も度数が多いデータの値

例1-1　代表値

10人の得点、3点、4点、0点、5点、5点、2点、7点、6点、1点、9点について、

平均値は、$\dfrac{3+4+5+5+2+7+6+1+9}{10}=4.2$ 点

最頻値は、5点

中央値は、得点を小さい順に並べ直すと、0、1、2、3、4、5、5、6、7、9 となるので、中央の4と5の平均をとって、4.5点

問1　次の表は45人のテスト結果です。次の（1）、（2）に答えなさい。

得点	2	3	4	5	6	7	8	9	10
人数	3	4	3	6	10	14	3	1	1

（1）平均点を求めなさい。
（2）中央値と最頻値を求めなさい。

2. ちらばり

❖ **偏差、分散と標準偏差** ❖

n個のデータ x_1、x_2、…、x_n の平均値を m とするとき、各データから平均値を引いたものを偏差といいます。

偏差は各データが平均値からどれだけ離れているかを示すものです。

この偏差の2乗の平均をとった

$$\dfrac{(x_1-m)^2+(x_2-m)^2+\cdots+(x_n-m)^2}{n}$$

を、分散といいます。

分散も散らばり具合を表す指標ですが、この正の平方根をとった標準偏差がよく用いられます。

標準偏差 $=\sqrt{(分散)}$

例2-1　右の表は5人のテストの得点です。

	A	B	C	D	E
得点	3	10	5	7	15

・平均値は、$(3＋5＋7＋10＋15)÷5＝8$ 点

・A さんの偏差は、$3－8＝－5$、B さんの偏差は $10－8＝2$

・5人の得点の分散は、

$$\frac{(3-8)^2+(5-8)^2+(7-8)^2+(10-8)^2+(15-8)^2}{5}=\frac{88}{5}=17.6$$

・5人の得点の標準偏差は、$\sqrt{17.6}\fallingdotseq4.2$

問1　右の表は8人のテストの得点です。次の（1）〜（3）に答えなさい。

（1）8人の平均点を求めなさい。

（2）CさんとEさんの偏差をそ
　　れぞれ求めなさい。

	A	B	C	D	E	F	G	H
得点	2	3	5	4	6	7	3	2

（3）8人の得点の分散を求めなさい。

❖ 四分位数 ❖

　データを大きさの順に並べたとき、4等分する位置の値を四分位数といいます。四分位数は、小さいほうから順に、第1四分位数、第2四分位数（これは中央値）、第3四分位数といいます。

　第1四分位数と第3四分位数を求めるには次のようにします。

データ全体の中央値がわかると、中央値を境界として、データを二等分し、値が中央値以下のものを下組、値が中央値以上のものを上組とします。ただし、データの個数が奇数のときは、中央値は下組にも上組にも含めません。

　このとき、下組の中央値が第1四分位数、上組の中央値が第3四分位数です。

例2-2　四分位数

　　例2-1のデータで、中央値は7、第1四分位数は $\dfrac{3+5}{2}=4$ 、

　　第3四分位数は $\dfrac{10+15}{2}=12.5$

問2　問1のデータで、四分位数をすべて求めなさい。

問3　右の表は、30人のテストの得点の度数分布表です。
　第1四分位数、第2四分位数、第3四分位数が属する階級をそれぞれ求めなさい。

以上　未満	度数
15〜20	3
20〜25	1
25〜30	8
30〜35	5
35〜40	5
40〜45	5
45〜50	3

本文中問題の解答

園内ポスターを作ることになりました

◆20ページ

問1 省略

◆21ページ

Activity ① 折り目の長さ AE と、長いほうの辺 AD の長さは、等しい。

② ・AE と AD の長さを測って比べてみる。

・AE の長さをコンパスでとって、AD に当ててみる。

・折り目の線 AE が AD に重なるようにさらに折ってみる。

◆23ページ

問2 省略

教材の準備をしました

◆24ページ

問1（1） まず、10枚分の重さをはかる（A）。次に、全体の重さをはかる（B）。

最後に、B÷A を計算し、その答えに10をかける。その値が、およその枚数である。

（理由）紙の枚数と重さとは比例の関係にあるから。

◆25ページ

問1（2） まず、1mものさしを用意する。

次に、同じ時刻に、高さを知りたい木の近くで、1mものさしを地面に対して垂直に立てて、その影の長さ（A）と、高さを知りたい木の影の長さを測る（B）。

次に、B÷A を計算し、その答えの単位を m とする。その長さが、およその木の高さである。

（理由）木と1mものさしの高さ（長さ）と、それぞれの影の長さとは比例の関係にあるから。

◆26ページ

問2（1） 12345の下2桁は45。45は4の倍数ではないので12345は4の倍数ではない。

◆27ページ

問2（2） 45678のそれぞれの位の数の和は、4＋5＋6＋7＋8＝30となり、30は3の倍数なので、45678も3の倍数であるとわかる。

◆28ページ

問3（1） 6と8の公倍数を考えればよい。

たとえば、6と8の最小公倍数は24であるので、縦に24÷6＝4で4枚、横に24÷8＝3で3枚を敷き詰めると、一辺が24cm の正方形ができる。このときのカードの枚数は、4×3＝12で12枚である。

これを基準にして、もっと大きな正方形の場合も考えることができる。

（2） 48と60の公約数を考えればよい。

たとえば、48と60の最大公約数は12であるので、縦に48÷12＝4で4枚、横に60÷12＝5で5枚の正方形を切り取ることができる。このときに切り取れる正方形の数は、4×5＝20で20枚である。

この場合が、最大の正方形が切り取れる。これを基準にして、もっと小さな正方形の場合も考えることができる。

◆29ページ

問4（1） 火曜日：（理由）30は7で割ると2余る数である。カレンダーで、7で割って2余る数は火曜日の列にあるから。

（2） 火曜日：7で割ると2余る数

水曜日：7で割ると3余る数

木曜日：7で割ると4余る数

金曜日：7で割ると5余る数

土曜日：7で割ると6余る数

日曜日：7で割ると0余る数（7で割り切れる数）

137

《その月の日付から曜日を知る方法》
　　まず、曜日を知りたい日付の数を7で割った余りの数（A）を調べる（余りなしの0〜6のどれか）。次に、その月のカレンダーで、（A）の数の日の曜日を調べる。その曜日が、知りたい日付の曜日である。

消毒液を作るように頼まれました

◆30ページ
　問1　表では、「水1L＋原液17mL」となっています。
　　　　ナナコ先生の場合は、水3000mL＝3Lですから、原液も3倍にして、
　　　　　　$17 \times 3 = 51$
　　　　したがって、原液を51mL加えればよい。

◆33ページ
　問2（1）　表では、「水1L＋原液4mL」となっています。
　　　　　　水3000mL＝3Lですから、原液も3倍にして、
　　　　　　　　$4 \times 3 = 12$
　　　　　　したがって、原液を12mL加えればよい。
　　（2）　濃度5％の原液をxmL加えるとすると、
　　　　　　　　$0.05x \div (x + 3000) = 0.0002$
　　　　　　両辺に$(x + 3000)$をかけると
　　　　　　　　$0.05x = 0.0002(x + 3000)$
　　　　　　両辺を10000倍すると
　　　　　　　　$500x = 2(x + 3000)$
　　　　　　　　$500x = 2x + 6000$
　　　　　　右辺$2x$を左辺に移項して
　　　　　　　　$498x = 6000$
　　　　　　両辺を498で割ると
　　　　　　　　$x = 6000 \div 498 = 12.04\cdots \fallingdotseq 12$
　　　　　　となり、原液を12mL加えればよい。

園の広報をすることになりました

◆34ページ
　問1　①　名称：絵グラフ、ピクトグラム
　　　　　　特徴：数量の大小を、絵がもつイメージをそのまま生かして伝えられる。
　　　　②　名称：折れ線グラフ
　　　　　　特徴：数量の変化を表すのに適している。
　　　　③　名称：円グラフ
　　　　　　特徴：全体に占める数量の割合を表すのに適している。
　　　　④　名称：棒グラフ
　　　　　　特徴：数量の大小を表すのに適している。

◆38ページ
問2【解答例】
①　最も身長の高い選手で比べると、日本のほうがエジプトよりも高いこと。日本の選手の半数は、185cm〜193cmの間であるのに対して、エジプトの選手の半数は、194cm〜201cmの間であること、など。
②　個々の数値から、各電車の発車時刻がわかる。また、全体として、どの時間帯に多くの電車があるかがわかる、など。
③　平均気温が高くなると、中華まんの売り上げが少なくなる傾向にあること、など。

138

幼稚園での生活がはじまりました

◆40ページ

問1　省略

◆43ページ

問2　A (−4, 3)　　B (−3, −2)　　C (2, −1)　　D (4, 1)

誕生会用に壁面を飾りました

◆47ページ

問1　(1)　一辺が1の正方形の対角線が AB = $\sqrt{2}$ なので、これを利用して右の図のように AC と AB を2辺とする長方形を書くとよい。

(2)　$\dfrac{1+\sqrt{5}}{2}$ の長さをつくる。

元の直角三角形 ABC の斜辺の長さ AB は、$\sqrt{5}$ なので、
AD = BC となる D をとると、
BD = 1 + $\sqrt{5}$

線分 BD の中点 E を作図すると、BE が $\dfrac{1+\sqrt{5}}{2}$ となる。

この BE と BC を2辺とする長方形を書くとよい。

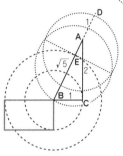

◆48ページ

問2　①　指定した座標で4つの円を書くと、図1になる。

②　左側の3点 EBF を通る円の中心は、二つの線分 EB と BF の垂直二等分線の交点 O をとって円を書くと円弧 EB が書ける。右側についても同様にするとよい。

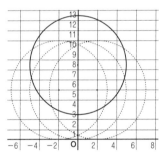
図1

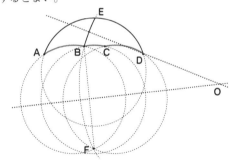

みんなで遊びました

◆51ページ

問1　・(男子の人数, 女子の人数) のように表すと、その組み合わせは、
　　　　(4, 1)　　(3, 2)　　(2, 3)　　(1, 4)
　　・男男男男で女　　　男男男で女女　　…のように表す。
　　・イラストで表す。　　等々

問2　・たとえば男子が4人で女子が1人の場合、(4, 1) のように、座標のように表現している。
　　　男男男男で女　のように、簡単な記号（男）のようなものを使って表している。
　　　イラスト（図）で表している。

◆52ページ

問3 【解答例】

増加　　公園で2人の子どもが遊んでいます。そこに3人がやってきました。公園には子どもが何人いますか。（公園には全部で5人います。）

合併　　家からダンボール箱を持ってくることになりました。太郎くんは2個、花子さんは3個持ってきたとき、ダンボールは全部でいくつありますか。（ダンボールは全部で5つあります。）

◆53ページ
　問4　省略

七夕飾りを作りました

◆54ページ
　問1　省略
◆55ページ
　問2　最初に折ってできた折り目にそって、直線を引いてみましょう。ひと裁ち折りによってできる形は、この直線を対称の軸とした線対称な形です。その他の折り目に注目しても、線対称な図形のもつ色々な性質を見つけることができます。たとえば、P56の図2のハート形の左上の部分に注目してみましょう。直線CFを折り目にして（対称の軸）、角DCFと角BCFはぴったり重なるので、大きさが等しいことがわかります（対応する角）。また、対応する2つの頂点を結ぶ直線BDと対称の軸である直線CFは垂直に交わり、この交わる点Kから対応する点までの長さは等しくなっていることがわかります（BK = DK）。

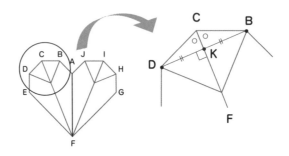

◆56ページ
　問3　省略
◆57ページ
　問4

	線対称	対称の軸の数	点対称
正方形	○	4	○
長方形	○	2	○
ひし形	○	2	○
平行四辺形	×	0	○

　4つの図形がもつ対称の軸と対称の中心は、それぞれ次のとおりです。

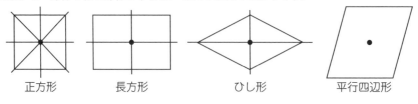

　対称の軸に着目すると、正方形は長方形の仲間でもあり、ひし形の仲間でもあることがわかりますね。4つの図形の関係は、下の図のように表すことができます。

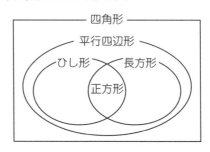

夏野菜が採れました

◆58ページ

問1　省略

◆61ページ

問2（1）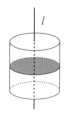　　（2）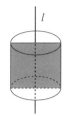

（2）の状態を異なる角度から見ると、次のようになります。

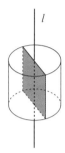

問3　省略

◆62ページ

問4　省略

動物園へ行きました

◆63ページ

問1
　1位 = チーター　　秒速27.8m
　2位 = ライオン　　秒速22.2m
　3位 = ゾウ　　　　秒速11.1m
　4位 = 人　　　　　秒速 1.1m
　5位 = カメ　　　　秒速 0.3m

◆65ページ

問2　ダチョウが走る速さを式で求めると、180 ÷ 8 = 22.5(m)。
　　ダチョウは秒速22.5m なので、秒を時間に直して、22.5 × 3600 = 81000(m)、よって、時速81km。

問3　ウサギは秒速19m なので、1分間に19 × 60 = 1140(m)。よって、10分間に11.4km。

問4　チーターは、100mを3.2秒で走る。秒速27.8mだから、時速に直すと、100.1km。ダチョウは、すでに調べたように、秒速22.5mだから、81000mで、時速81kmとなる。人は、150mを135秒で走る。秒速1.1mだから、時速に直すと、4.0km。このように、時速で比較すると、チーター、ダチョウ、人の順に速く走ることがわかる。
　　もちろん、秒速のままでも比較できる。
　　分速で比較すると、チーターは、分速1.7km、ダチョウは、1.4km、そして、人は、66mとなる。

運動会がありました

◆67ページ

問1【解答例】

種目や演技	数や形を使う場面
かけっこ	何人ずつ走るかを決める
かけっこ	走る長さを決める
かけっこ	直線と円を使ってトラックを作る
ダンス	どんな隊形にするか考える

141

◆69ページ
問2　二十歳　→　「にじゅっさい」ではなく　　→　（　はたち　）

三十日　→　「さんじゅうにち」ではなく　→　（　みそか　）

八百万　→　「はっぴゃくまん」ではなく　→　（　やおよろず　）

◆70ページ
問3

数	日本語	英語	フランス語
11	十一	eleven	onze
12	十二	twelve	douze
13	十三	thirteen	treize
14	十四	fourteen	quatorze
15	十五	fifteen	quinze
16	十六	sixteen	seize
17	十七	seventeen	dix-sept
18	十八	eighteen	dix-huit
19	十九	nineteen	dix-neuf
20	二十	twenty	vingt

　数詞が、10のまとまりをもとにした十進法による命数法によるのは、日本語が11からであるのに対し、英語は13から、フランス語は17からである。英語、フランス語に比べて、日本語の数詞が十進位取り記数法と一致するので、わかりやすいことがわかる。

みかん狩りに行きました

◆71ページ
問1【解答例】
おやつの個数

　数を数えて比べる。1対1に対応させて比べる。

みかんの重さ

　はかりで重さを量って数値で比べる。てんびんに置いて、てんびんの傾きで比べる。

コップの容積

　計量カップで容積を測って数値で比べる。満杯にした一方のコップの水を、もう一方のコップに入れて、水があふれるかどうかで比べる。同じコップに水を移して、水の高さで比べる。

どんぐりが転がる速さ

　同じ道のりを進むのに、どれだけの時間がかかるかで比べる。同じ時間で、どれだけの道のりを進むかで比べる。

◆73ページ
問2　離散量：個数

連続量・外延量：面積、体積（かさ）、時間、角度

連続量・内包量：温度

◆74ページ
問3【解答例】
言葉がけ

　あなたのいもと、先生のいもでは、どちらが大きいかな？

　大きい順に並べてみよう！　一番大きいいもは、どれかな？

　おうちの人に、このいもの大きさを教えてあげたいな。どうすればいいだろう？

　このいも、重いね！

　このいも、長いね！

　このいも、太いね！　など。

環境・道具

　てんびん（重さを比べられるように）

　ひも（長さを比べられるように）　など。

おやつを分けました

◆75ページ

問1 まず、一袋ずつ渡します。残った3袋からせんべいを取り出して、6枚を改めて1枚ずつ配って、残り1枚を細かく割って分ける。

袋から全部出して、16枚を1枚ずつ順に5人に配る。残り1枚を細かく割って分ける。

袋から全部出して、3枚ずつを5人に配る。残り1枚を細かく割って分ける。

グループによっては、最後の1枚を先生にあげるかもしれませんね。

◆76ページ

問2 ・せんべいを半分に割って、図形の半円で比較する。
・細かく割って数量で分ける。
・持った子どもが割って、割れた一つをあげる。

問3 （例） 3人で分ける

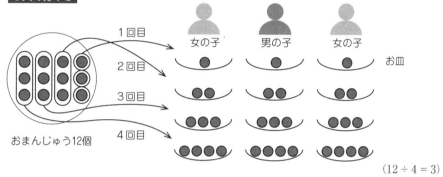

$(12 \div 4 = 3)$

問4 （例） 3個ずつ分ける

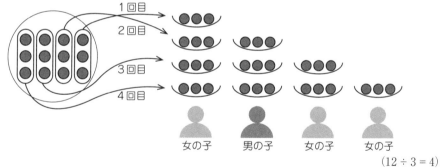

$(12 \div 3 = 4)$

問5 12個のお菓子を一人3個ずつ配ると何人に配れますか。
12個のお菓子を3人に同じ数ずつ配ると一人何個になりますか。

◆78ページ

問6 省略

すごろくを楽しみました

◆79ページ

問1 （1） $\sqrt{8^2 + 44^2} = \sqrt{2000} = 20\sqrt{5}$

（2）
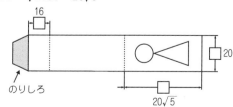

◆80ページ
問2（1）　右の図で点 A を中心として半径 AC の円と、
　　　　　点 C を中心として、半径 CB の円の交点が P
　　（2）　右の図の下の部分

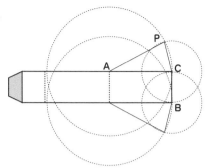

◆81ページ
Activity

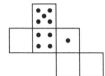

◆82ページ
問3　6、8、12

◆83ページ
問4　①　5　　　②　5　　　③　4

牛乳パックで家を作りました

◆84ページ
問1　下から数えていくと、
　　　$7 + 6 + 5 + 4 + 3 + 2 + 1 = 28$

◆85ページ
Activity　①　牛乳パックの高さは、19cm、底面の正方形の一辺は、7 cm
　　　　　②　5段積んだときの図は、右の図のとおり。
　　　　　　　正方形■と、□の数は、全部で30個
　　　　　　　そのうち、■の数は、15個
　　　　　③　7段積んだとき、$7 \times 8 \div 2$（個）
　　　　　④　n 段積んだとすると　$\dfrac{n(n+1)}{2} = 650$

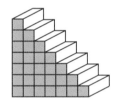

　　　　　　　$n(n+1) = 1300$
　　　　　　　$35 \times 36 = 1260$、$36 \times 37 = 1332$。35段にすると、630個なので、次の段に移ることになる。
　　　　　　　下から1個ずつ斜め上に20個積み上げていくと途中で650になる。したがって、一番上まで
　　　　　　　の高さは、35段のままだから、$7 \mathrm{cm} \times 35 = 245\mathrm{cm}$

◆86ページ
問2　公式から、$24 \times 25 \div 2 = 300$

◆87ページ
問3（1）　$19\mathrm{cm} \times 8 = 152\mathrm{cm}$
　　（2）　側面図から、$(26 \times 8 - 7 \times 3) \times 2 = 374$個
　　　　　立面図から、$(20 \times 8 - 8 \times 4) \times 2 = 256$個　　計630個
　　　　　ここから四隅の柱の重複（4×8）を引いて、$630 - 32 = 598$個

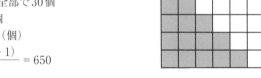

144

幼稚園教育要領（抜粋）　平成29（2017）年　文部科学省告示

第1章　総　則

第1　幼稚園教育の基本

　幼児期の教育は、生涯にわたる人格形成の基礎を培う重要なものであり、幼稚園教育は、学校教育法に規定する目的及び目標を達成するため、幼児期の特性を踏まえ、環境を通して行うものであることを基本とする。

　このため教師は、幼児との信頼関係を十分に築き、幼児が身近な環境に主体的に関わり、環境との関わり方や意味に気付き、これらを取り込もうとして、試行錯誤したり、考えたりするようになる幼児期の教育における見方・考え方を生かし、幼児と共によりよい教育環境を創造するように努めるものとする。これらを踏まえ、次に示す事項を重視して教育を行わなければならない。

1　幼児は安定した情緒の下で自己を十分に発揮することにより発達に必要な体験を得ていくものであることを考慮して、幼児の主体的な活動を促し、幼児期にふさわしい生活が展開されるようにすること。

2　幼児の自発的な活動としての遊びは、心身の調和のとれた発達の基礎を培う重要な学習であることを考慮して、遊びを通しての指導を中心として第2章に示すねらいが総合的に達成されるようにすること。

3　幼児の発達は、心身の諸側面が相互に関連し合い、多様な経過をたどって成し遂げられていくものであること、また、幼児の生活経験がそれぞれ異なることなどを考慮して、幼児一人一人の特性に応じ、発達の課題に即した指導を行うようにすること。

　その際、教師は、幼児の主体的な活動が確保されるよう幼児一人一人の行動の理解と予想に基づき、計画的に環境を構成しなければならない。この場合において、教師は、幼児と人やものとの関わりが重要であることを踏まえ、教材を工夫し、物的・空間的環境を構成しなければならない。また、幼児一人一人の活動の場面に応じて、様々な役割を果たし、その活動を豊かにしなければならない。

第2〜第7　（省略）

　この章に示すねらいは、幼稚園教育において育みたい資質・能力を幼児の生活する姿から捉えたものであり、内容は、ねらいを達成するために指導する事項である。各領域は、これらを幼児の発達の側面から、心身の健康に関する領域「健康」、人との関わりに関する領域「人間関係」、身近な環境との関わりに関する領域「環境」、言葉の獲得に関する領域「言葉」及び感性と表現に関する領域「表現」としてまとめ、示したものである。内容の取扱いは、幼児の発達を踏まえた指導を行うに当たって留意すべき事項である。

　各領域に示すねらいは、幼稚園における生活の全体を通じ、幼児が様々な体験を積み重ねる中で相互に関連をもちながら次第に達成に向かうものであること、内容は、幼児が環境に関わって展開する具体的な活動を通して総合的に指導されるものであることに留意しなければならない。

　また、「幼児期の終わりまでに育ってほしい姿」が、ねらい及び内容に基づく活動全体を通して資質・能力が育まれている幼児の幼稚園修了時の具体的な姿であることを踏まえ、指導を行う際に考慮するものとする。

　なお、特に必要な場合には、各領域に示すねらいの趣旨に基づいて適切な、具体的な内容を工夫し、それを加えても差し支えないが、その場合には、それが第1章の第1に示す幼稚園教育の基本を逸脱しないよう慎重に配慮する必要がある。

健康　（省略）

人間関係　（省略）

環　境
周囲の様々な環境に好奇心や探究心をもって関わり、それらを生活に取り入れていこうとする力を養う。

1　ねらい
（1）身近な環境に親しみ、自然と触れ合う中で様々な事象に興味や関心をもつ。
（2）身近な環境に自分から関わり、発見を楽しんだり、考えたりし、それを生活に取り入れようとする。
（3）身近な事象を見たり、考えたり、扱ったりする中で、物の性質や数量、文字などに対する感覚を豊かにする。

2　内容
（1）生活の中で、様々な物に触れ、その性質や仕組みに興味や関心をもつ。
（2）季節により自然や人間の生活に変化のあることに気付く。
（3）自然などの身近な事象に関心をもち、取り入れて遊ぶ。
（4）身近な動植物に親しみをもって接し、生命の尊さに気付き、いたわったり、大切にしたりする。
（5）日常生活の中で、我が国や地域社会における様々な文化や伝統に親しむ。
（6）身近な物を大切にする。
（7）身近な物や遊具に興味をもって関わり、自分なりに比べたり、
（8）関連付けたりしながら考えたり、試したりして工夫して遊ぶ。
（9）日常生活の中で数量や図形などに関心をもつ。
（10）日常生活の中で簡単な標識や文字などに関心をもつ。
（11）生活に関係の深い情報や施設などに興味や関心をもつ。
（12）幼稚園内外の行事において国旗に親しむ。

3　内容の取扱い
　上記の取扱いに当たっては、次の事項に留意する必要がある。
（1）幼児が、遊びの中で周囲の環境と関わり、次第に周囲の世界に好奇心を抱き、その意味や操作の仕方に関心をもち、物事の法則性に気付き、自分なりに考えることができるようになる過程を大切にすること。また、他の幼児の考えなどに触れて新しい考えを生み出す喜びや楽しさを味わい、自分の考えをよりよいものにしようとする気持ちが育つようにすること。
（2）幼児期において自然のもつ意味は大きく、自然の大きさ、美しさ、不思議さなどに直接触れる体験を通して、幼児の心が安らぎ、豊かな感情、好奇心、思考力、表現力の基礎が培われることを踏まえ、幼児が自然との関わりを深めることができるよう工夫すること。
（3）身近な事象や動植物に対する感動を伝え合い、共感し合うことなどを通して自分から関わろうとする意欲を育てるとともに、様々な関わり方を通してそれらに対する親しみや畏敬の念、生命を大切にする気持ち、公共心、探究心などが養われるようにすること。
（4）文化や伝統に親しむ際には、正月や節句など我が国の伝統的な行事、国歌、唱歌、わらべうたや我が国の伝統的な遊びに親しんだり、異なる文化に触れる活動に親しんだりすることを通じて、社会とのつながりの意識や国際理解の意識の芽生えなどが養われるようにすること。
（5）数量や文字などに関しては、日常生活の中で幼児自身の必要感に基づく体験を大切にし、数量や文字などに関する興味や関心、感覚が養われるようにすること。

（以下省略）

INDEX

あ	アフォーダンス	6

い	1からnまでの総和	86
	1対1の対応	42
	インフォーマル算数	5,13,15

え	エラトステネスのふるい	25
	円	60
	円グラフ	39
	円錐	60
	円錐曲線	60
	円柱	61

お	黄金比	46
	折れ線グラフ	39

か	外延量	73
	階級	36
	階級の幅	36
	回転移動	57
	回転の軸	61
	カウント・オール	14
	カウント・オン	15
	角の二等分線	56
	加数分解	53
	数え足し	14
	合併	52
	加法の結合法則	53
	環境とは	5
	間接比較	73
	幹葉図	38

き	希釈の倍率	31
	奇数	26

く	空間の知覚	12
	偶数	26

け	計算法則	53
	計数	14

こ	合成	52
	公倍数	29
	公平分配	15
	公約数	29
	コピー機の倍率	23

さ	最小公倍数	29
	最大公約数	29
	サビタイズ	14

し	座標	43
	散布図	38
	三平方の定理	80

し	時間の感覚	12
	思考の発達段階	13
	自然数	25
	時速	64
	実数	22
	集合数	42
	十進位取り記数法	69
	十進法	69
	瞬間の速さ	66
	順序数	42
	心的数直線	14

す	数詞	13, 69
	数巡方略	15, 77
	数唱	13

せ	線対称	56

そ	増加	52
	双曲線	60
	相似な図形	22, 23
	素数	25

た	第1四分位数	37
	対応する角	56
	対応する辺	56
	第3四分位数	37
	対称移動	57
	対称の軸	56
	対称の中心	56
	楕円	60

ち	中央値	36
	直接比較	73

と	投影図	62
	等分除	77
	度数分布表	36

な	内包量	73

に	任意単位による測定	73

の	濃度	32

は	配分行動	77

	白銀比	46
	箱ひげ図	36, 38

ひ	被加数分解	53
	ヒストグラム	36
	ひと裁ち折り	54
	秒速	64
	平等分配	15
	比例	25
	比例式の性質	22

ふ	普遍単位による測定	73
	分解	52
	分割順唱能力	14
	分速	64

へ	平均の速さ	66
	平行移動	57
	平方根	22
	平面図	62

ほ	包含除	77
	棒グラフ	39
	放物線	60

む	無理数	22

め	命数法	69

や	約数	25

ゆ	有理数	22
	ユニット方略	15, 77

よ	幼児期の終わりまでに育ってほしい姿	2
	幼児自身の必要感に基づく体験	4

り	立方体の展開図	81
	立面図	62
	量の比較	71
	量の保存	73
	離散量	73
	領域「環境」の「ねらい」	3

れ	連続量	73

✿ 著者

| 編 者 | 吉田明史（よしだ・あけし） | 奈良学園大学奈良文化女子短期大学部学長 |
| 編 者 | 田宮　縁（たみや・ゆかり） | 静岡大学教授 |

石田裕子（いしだ・ゆうこ）	神戸女子大学准教授
勝美芳雄（かつみ・よしお）	帝塚山大学教授
國宗　進（くにむね・すすむ）	静岡大学名誉教授
近藤　裕（こんどう・ゆたか）	奈良教育大学教授
重松敬一（しげまつ・けいいち）	奈良教育大学名誉教授
舟橋友香（ふなはし・ゆか）	奈良教育大学准教授

ブックデザイン	荒川浩美（ことのはデザイン）
DTP	株式会社新後閑
イラスト	sayasans

保育者が身につけておきたい数学
「数・量・形の感覚を養う保育」と「事務」に生かすために

2018年6月3日　初版第1刷発行

編著者	吉田明史・田宮　縁
発行者	服部直人
発行所	株式会社萌文書林
	〒113-0021　東京都文京区本駒込6-25-6
	Tel.03-3943-0576　Fax.03-3943-0567
	http://www.houbun.com/
	info@houbun.com

| 印　刷 | 中央精版印刷株式会社 |

乱丁・落丁本はお取り替えいたします。
定価はカバーに表示してあります。
本書の無断複写（コピー）・複製は著作権法上での例外を除き禁じられています。
また、代行業者などの第三者による本書のデジタル化は、いかなる場合も著作権法違反となります。

©Akeshi Yoshida, Yukari Tamiya 2018, Printed in Japan
ISBN978-4-89347-278-6